AF375616

An Deutschlands Grenzen

vom Land zum Bund

Roman Osburg

Impressum

Bibliografische Information der Deutschen Nationalbibliothek:
Die Deutsche Nationalbibliothek verzeichnet diese Publikation in der Deutschen Nationalbibliografie; detaillierte bibliografische Daten sind im Internet über http://dnb.dnb.de abrufbar.

© 2022 Roman Osburg

Herstellung und Verlag: BoD – Books on Demand, Norderstedt

ISBN: 978-3-7557-6650-6

Inhalt

Vorwort

Ich wusste früh, dass dieses Buch anders werden würde als seine Vorgänger. Nachdem meine damalige Frau aus beruflichen Gründen aus unserer Heimatstadt Berlin nach München zog, änderte sich auch meine Zukunft. Als es nach mehrjähriger Suche nach einem Tauschpartner endlich feststand, dass ich zur Bundespolizei an den Flughafen München wechsele, änderte sich nicht nur die Anschrift meines Dienstherrn.

Ich verließ mein geliebtes, gehasstes Kreuzberg, in dem ich so manches erlebt hatte. Ich wusste, wenn ich die Innenstadt Berlins gegen den Sicherheitsbereich des Flughafen Münchens tausche, werde ich weniger Spannendes erleben. Andererseits freute mich, wie glücklich meine Mutter war, ihren Jungen nicht mehr im Problemviertel Berlins auf den Straßen im Einsatz zu wissen. Auch wenn meine Exfrau es nie so zugeben würde, auch sie war froh, dass ich nicht mehr in Kreuzberg arbeiten würde. Dieser Dienststellenwechsel bedeutete mehr, als nur

Döner gegen Leberkäsesemmel zu tauschen. Es sollte eine gewichtige Änderung geben.

Um zu verstehen, was diese Änderung bedeutet, werde ich weiter ausholen müssen.

Waren „Der nächste Einsatz" und „Auf den Straßen Berlins" beinahe ausschließliche Schilderungen von Fällen, so gibt es dieses Mal einen etwas intimeren Einblick in das Leben abseits der Dienstbekleidung und die Schwierigkeiten, die ein Dienststellenwechsel mit sich bringen kann. Für jeden, der noch mit dem Gedanken spielt, „Kollege" zu werden, sind zudem Einblicke in den Ablauf der Bewerbung und des Einstellungsverfahrens enthalten.

Doch keine Sorge, es wird nicht nur persönlich, es gibt auch wieder Geschichten zu erzählen. Echte Fälle, die sich so zugetragen haben, wie ich es niederschrieb. Wie immer ändere ich die Namen und gebe keine polizeitaktischen Informationen heraus, aber ich werde wieder konkret über meine Erlebnisse berichten.

Beginnen möchte ich jedoch, indem ich etwas in Erinnerungen schwelge, meine Zeit bei der Landespolizei Berlin Revue passieren lassen und dadurch einen Einblick in den Wechsel geben, der mein Leben für immer ändern sollte. Fangen wir also an.

Teil I: Die Zeit bei der Landespolizei Berlin

Die Bewerbung bei der Polizei Berlin

Als ich meine damalige Frau kennenlernte, hatte ich meine Bewerbung bei der Polizei Berlin (oder „Der Polizeipräsident in Berlin", wie die Behörde damals noch hieß) bereits abgeben. Es war die einzige Bewerbung, die ich abgegeben hatte. Berlin war meine Geburtsstätte und der Mittelpunkt meines Lebens. Es kam mir nicht in den Sinn, mich im Land Brandenburg oder irgendwo anders zu bewerben. Ich wollte Berliner Polizist werden.

Den computergestützten Test und die Sportprüfung hatte ich schon bestanden und wartete nur noch auf meine „Einstufung". Es war simpel. Hätte es 90 Kandidaten gegeben, die beim Test besser abgeschnitten hätten, wären diese eingestellt worden und ich hätte eine Absage erhalten.

So war es mir sechs Monate zuvor ergangen, als ich mich zunächst für den gehobenen Dienst der Kriminalpolizei beworben hatte. Dort belegte ich am Ende den Rangplatz 118 und war gefühlt meilenweit von der notwendigen Platzierung entfernt. Lediglich 30 Kollegen wurden für den Studiengang zum Kriminalkommissar gesucht und ich wurde keiner von ihnen. Rückblickend betrachtet bin ich froh, kein Kriminalbeamter geworden zu sein. Es gibt sicher großartige Bereiche, die einem Kripobeamten vorbehalten sind, aber mein Wunsch war es, Menschen zu helfen und Verbrecher dem Strafverfahren zuzuführen und das geht in einer Dienstbekleidung deutlich besser als vom Schreibtisch. Umso glücklicher war ich, als ich meine Platzierung für den gehobenen Dienst der Schutzpolizei erfuhr. Es war Rang 38 und somit komfortabel im Bereich der Einstellungszahlen, die ja bei der Schutzpolizei dreimal so hoch waren, wie bei der Kripo. Also begann ich im April 2012 dem Land Berlin zu dienen.

Es war ein toller Einstieg, denn gleich am ersten Tag fand unsere Ernennung statt. Ich fand den

Akt der Ernennung mit der Vergabe der Abiturzeugnisse vergleichbar, mit dem feinen Unterschied, dass ich auf das Abitur mehrere Jahre hingearbeitet und es mir verdient hatte. Die Ernennung hingegen war eine Art Belohnung im Voraus. Ich wurde zum „Polizeikommissar-Anwärter" ernannt und war ab diesem Moment Beamter. Von Festnahmen und Menschen helfen war ich zu diesem Zeitpunkt noch weit entfernt.

Bereits wenige Monate nach der Ernennung stand der nächste wichtige Moment im Leben eines Polizeibeamten an, die Vereidigung. Hierbei wird ein Eid auf die jeweilige Landesverfassung und das Grundgesetz der Bundesrepublik Deutschland abgelegt. Wörtlich spricht man in Berlin folgenden Satz nach:

„Ich schwöre, dass ich mein Amt getreu dem Grundgesetz für die Bundesrepublik Deutschland und der Verfassung von Berlin in Übereinstimmung mit den Gesetzen zum Wohle der Allgemeinheit ausüben und meine Amtspflichten gewissenhaft erfüllen werde.".

Nun mag das auf den ersten Blick wie ein reiner Verwaltungsakt aussehen, der keine große Relevanz hat, doch zusammen mit gut 500 anderen Polizeibeamten in einer Räumlichkeit wie der Berliner Philharmonie kreiert diese Zeremonie Gänsehaut. Noch heute erinnere ich mich an den genauen Tag meiner Vereidigung und halte das Gesagte in Ehren. Auch das gemeinsame Singen der Nationalhymne war ein nicht zu vergessener Moment. Mir ist bewusst, dass Nationalstolz in Deutschland nicht ansatzweise so ausgelebt wird – und werden kann – wie in anderen Nationen, doch für mich ist unsere Nationalhymne immer mehr gewesen als ein Musikstück, welches vor Fußballspielen gesungen wird. „Einigkeit und Recht und Freiheit“, wer glauben Sie, steht für diese Werte mehr ein? Der Polizeibeamte, der sich im Zweifel einem Attentäter in den Weg stellt oder der angetrunkene Fußballfan mit der Bratwurst in der Hand?

Die Zeit an der Fachhochschule

Die Studienzeit habe ich sehr genossen. Eine überschaubare Gruppe von 30 Beamten, die in allen möglichen Bereichen theoretisch ausgebildet wurden. So lernten wir in Strafrecht, was überhaupt verboten ist und im Polizeirecht, was präventiv zu leisten ist. Den Psychologieunterricht fand ich ausgesprochen spannend, wohingegen einige Kollegen eher mehr Selbstverteidigung trainieren wollten. Lebhaft erinnere ich mich an einen Satz von einem älteren Kollegen: „Mir ist egal, was der für eine Macke hat, ich muss in der Lage sein, mich verteidigen zu können!". Natürlich müssen wir im Zweifel unser Gegenüber zu Boden bringen und fixieren, aber wenn ich durch mein Wissen über psychische Erkrankungen eine körperliche Auseinandersetzung vermeiden kann, ist das noch besser.

Selbstverteidigung und auch Sport wurden natürlich trotzdem (einmal) wöchentlich ausgeführt. Viele mussten im Rahmen der Ausbildung das effiziente Schwimmen lernen – manche mussten überhaupt erst Schwimmen lernen. Dafür wurde ein ganzes Semester lang trainiert und wer die Abschlussprüfung im Schwimmen nicht schaffte, hatte noch knapp fünf Semester Zeit, sie zu wiederholen. Es folgten mehrere Semester Selbstverteidigung, der Umgang mit dem Schlagstock und Festnahmetechniken. Natürlich kam auch die Ausbildung an der Schusswaffe nicht zu knapp und so ging es regelmäßig auf den Schießstand. Mit einer Pistole zu schießen ist ein besonderes Gefühl, ich hatte stets einen enormen Respekt vor der Kraft, die von einer solchen Waffe ausging.

Bitte glauben Sie nicht die Mär von Polizisten, die es nicht abwarten könnten, Schusswaffen gegen Menschen einzusetzen. Ich habe niemanden kennengelernt, der freiwillig auf einen Menschen schießen wollen würde. Zur Selbstverteidigung, oder um ein Leben zu retten, würden wir vermutlich alle abdrücken, doch genau zu diesem Zwecke werden wir mit diesen Waffen ausgerüstet. Für mich persönlich entwickelte sich das Schießen zu einer Art Sport, denn das Schießen auf unbewegliche Ziele ist eben das. Mit ausreichendem Training wird man besser, man trifft die Zielscheibe mittiger, auch das Adrenalin lässt irgendwann nach. Glücklicherweise musste ich nie auf einen Menschen schießen, die psychischen Folgen möchte ich mir nicht ausmalen.

Bereits früh im Studium merkte ich den Unterschied zwischen meist externen Dozenten (Strafrichter, Rechtsanwälte, Diplompsychologen) und den internen Fachlehrern, die innerhalb der Behörde zur Lehrkraft aufgestiegen sind. Polizeibeamte haben eine andere Art zu reden, einen „Code" und einen ganz eigenen Sinn für Humor. Bei einer vor Ort Präsentation unserer Sprengstoffexperten in einem abgelegenen Waldstück wurde uns die Sprengkraft von geringen Mengen TNT vorgeführt. Einer der Sprengmeister sagte dann:

„Eine Dienstunfähigkeitsversicherung brauchst du hier auf jeden Fall. Wenn beim Entschärfen etwas schiefgeht, dann hat der Kollege keine Arme und keine Beine mehr, was soll der dann noch machen? Mundmalerei?", und trotz des makabren Gedankens daran, mussten wir alle lachen.

Eines Tages sagte unser Sportlehrer ganz salopp: „Wenn ihr die sportlichen Prüfungen nicht besteht, dann ist ganz schnell *EDEKA*.", und unsere irritierten Blicke waren ihm sicher.

„*EDEKA*, Ende DEr KArriere. Dann müsst ihr
halt was Anderes machen…UPS oder so…".

Ich fand ihn lustig, aber er hatte auch unsympa-
thische Seiten. Er war noch von der alten Garde,
jenen, die die Polizei gern martialisch und para-
militärisch auftreten sehen wollten.

„Wenn du nicht mehr kannst, dann ruf doch
nach deiner Mama!", schrie er einen Kollegen
bei der Ausführung von Liegestützen an. Ich
habe mich nie als „harten" Polizisten verstanden. Mit stereotypisch männlichen Verhaltens-
weisen identifiziere ich mich nicht und ich
glaube auch nicht, dass ein guter Polizist nichts
fühlt.

Mit Eile

Meine erste Blaulichtfahrt fühle ich jedenfalls noch heute. Ich war in meinem ersten Praktikum in Berlin-Wedding eingesetzt, welcher zu den Problembezirken der Stadt zählt. Ich war zunächst enttäuscht, denn das Praktikum dauerte lediglich 4 Tage, fand unter der Woche und in der Zeit von 08:00-16:00 Uhr statt. Was soll da schon Spannendes passieren?

Mensch, lag ich mit dieser Einschätzung falsch. Bereits am ersten Tag, gegen 10:30 Uhr erfolgt der Funkspruch, der mir verdeutlichte, ich hatte den richtigen Beruf gewählt:

„Condor 601, für Sie geht es unter Beachtung der Eigensicherung und mit freigegebenen Sonder- und Wegerechten in das Karstadt Warengeschäft. Ein verärgerter Kunde geht mit einer Axt auf einen Verkäufer los.", ich dachte, ich höre nicht recht. Meine Kollegen bestätigten den Einsatz mit einer absoluten Ruhe und der Fahrer schaltete das Martinshorn und Blaulicht ein. Mit gut 80 km/h bretterte er durch die Innenstadt und zwischenzeitlich in den Gegenverkehr. Mein Herz raste, das Adrenalin pumpte durch meinen

Körper und ich fühlte mich, als fahre ich Achterbahn. Ich wünschte, ich könnte behaupten, dieses Gefühl vergeht nie und jede Eilfahrt fühlt sich an, wie die erste. Dem ist nicht so und jeder Kollege, der regelmäßig „mit Eile" unterwegs ist, wird bestätigen können, dass eine gewisse Gewöhnung erfolgt.

Es gab eine weitere simple Wahrheit, die ich an diesem Tag lernte. Taten haben in der Regel nicht so stattgefunden, wie sie sich am Notruf oder am Funk darstellen. Bei unserem Eintreffen war die Situation bereits beruhigt und durch Befragen der Anwesenden fanden wir heraus, was vorgefallen war. Ein Kunde hatte bei einem Schuster im Karstadt einen Reparaturauftrag eingereicht und seine Schuhe dort gelassen. Bei der heutigen Abholung war der Kunde mit dem Ergebnis unzufrieden und es entwickelte sich ein Streitgespräch mit dem Schuster. Der Schuster griff zu einem Werkzeug, es war ein Hammer, und hielt diesen drohend vor sich. Es kam zu keiner Auseinandersetzung und es gab keinen verrückten Axtschwinger.

Beeindruckend fand ich, wie mein erfahrener Kollege dem Kunden sofort ansah, dass dieser

Betäubungsmittel eingenommen hatte. Hierfür sah er ihm nur kurz in die Augen und fragte dann: „Haben Sie Ritalin genommen?", was das Gegenüber bejahte. In den kommenden Jahren sollte ich selbst ein solches Gespür entwickeln, doch damals hielt ich den Kollegen beinahe für einen Halbgott.

Natürlich erlebte ich weitere Einsätze, die ähnlich gelagert waren und ich erkannte, dass man als Polizist sehr oft mit den negativen Seiten des Lebens zu tun hat. Arme Menschen, die stehlen und dadurch als Straftäter noch mehr geächtet werden. Soziale Brennpunkte, in denen ein behütetes Aufwachsen für die Kinder und Jugendlichen kaum möglich ist und man wirklich differenzieren muss zwischen den „Bösen" und den „böse gewordenen".

So erweckte ein weiterer Fall mein Interesse. Wir wurden zu einer Auseinandersetzung zwischen Kindern gerufen, ein 11-jähriger Junge soll einen anderen Jungen mit einem Messer bedroht haben. Auch hier dachte ich, ich höre nicht recht, doch im Stadtteil Wedding ist vieles im Argen. Im Nahbereich stellten wir den Tatverdächtigen. Er wurde vom Kollegen an eine Wand gestellt und ihm wurde der Tatvorwurf gemacht. Er begann umgehend zu weinen und gab an, es handele sich um ein großes Missverständnis. Unter Tränen sagte er: „Ich habe ein neues Taschenmesser und ich habe es aus der Tasche geholt und meinem Kumpel gezeigt. Ich habe nichts getan.", er weinte derart stark, dass er mir richtig leidtat.

Ich selbst hatte in seinem Alter ein Taschenmesser von meinen Eltern geschenkt bekommen. Das klassische rote „Schweizer-Messer" brachte mir viel Freude und ich schnitzte mit Leidenschaft, falls man das Zuschneiden von Stöckern bereits als „Schnitzen" bezeichnen kann. In Erinnerungen schwelgend sah ich, wie der Kollege den Jungen am Oberarm packte und ihn anschrie: „Nimm die Hand da weg!". Ohne, dass ich es mitbekam, wollte der Junge das Messer aus der Tasche ziehen, um es auch uns vorzuzeigen. Ich verstand nicht, warum der Kollege so hart mit dem Kleinen umging. Er weinte, es handelte sich um ein Missverständnis, davon war ich überzeugt. Sagen wir mal so, ich habe an diesem Tag viel gelernt. Der Kollege griff in die Jackentasche und holte das in Tarnfarben gehaltene, verbotene Einhandmesser heraus. So sah mein Taschenmesser damals nicht aus.

Der andere Kollege hatte zwischenzeitlich eine Abfrage des elf Jahre alten Tatverdächtigen gemacht und das Ergebnis schockierte nur einen an diesem Tag. Mich.

Er war Intensivtäter und kiezweit bekannt. Binnen kürzester Zeit hatte dieses Kind mehr Straftaten begangen, als ich binnen eines Jahres zu Papier bringen würde. Vermehrt war er wegen Bedrohungen und Raubdelikten aufgefallen. Ich glaubte plötzlich nicht mehr an ein Missverständnis, ich glaubte gar nichts mehr.

Nach Abschluss der Sachverhaltsaufnahme wurde der Junge seinen Eltern übergeben und das Messer beschlagnahmt. Die Aussage der Eltern war klischeehaft: „Junge, wie oft haben wir dir gesagt, bau' keine Scheiße? Immer machst du Ärger, das geht so nicht.". Inwieweit er durch

solche Lippenbekenntnisse bekehrt wurde, weiß
ich nicht.

Eines meiner Praktika verbrachte ich bei einer
Einsatzhundertschaft. In Berlin bestand diese
nicht aus 100 Beamten, sondern drei Zügen á je
20 Kollegen. Zu den Hauptaufgaben gehört das
Begleiten von Demonstrationen, die Sicherung
von Fußballspielen und größere Absperrmaß-
nahmen. Ich freute mich auf all diese Sachen,
doch sollte ich sie nicht erleben.

Mein Praktikum fand zur Zeit der großen
Flüchtlingskrise statt und daher wurden wir zur
Gerhard-Hauptmann-Schule berufen. Bei dieser
handelte es sich um eine leerstehende Ober-
schule, die zeitweise von alternativen Bürgern
und Geflüchteten besetzt wurde. Sie skandierten
lautstark: „Say it loud, say it clear, refugees are
welcome here!", oder auch „No nation, no border, fight law and order! No border, no nation,
stop deportation!".

Die ersten Tage unserer Anwesenheit hieß es regelmäßig, wir würden die Schule räumen, da es
sich um eine unrechtmäßige Besetzung handelte.
Unmittelbar als wir alle bereit waren und unsere
Schutzbekleidung angelegt hatten, rief uns unser

Einsatzleiter zusammen, um uns mitzuteilen,
dass unser Einsatz abgesagt wurde. Man wolle
den Alternativen einen weiteren Tag geben, um
freiwillig das Gebäude zu verlassen. Am folgenden Tag standen wir erneut vor der Schule.

Über gut drei Wochen sollte sich dieses Katz-
und Maus-Spiel fortsetzen. Jeden einzelnen davon waren mehrere hundert Beamte um die
Schule und den Nahbereich versammelt. Dann
schließlich erfolgte die Meldung, dass Barrika-
den im Inneren der Schule aufgebaut würden
und eine Bewaffnung der Besetzer folgen
würde. Ich war mir sicher, dies wird der Tag, an
dem diese Besetzung enden würde. Der Einsatzleiter kam zu uns und sagte, das SEK wäre infor-
miert und auf dem Weg. Nicht hinnehmbar seien
die Zustände in und um die Schule herum. Das
SEK traf ein und wurde zum Warten verdonnert.
Es musste zunächst eine Entscheidung auf politi-
scher Ebene getroffen werden. Als diese schließlich kam, waren erneut Stunden vergangen. Die
Lösung solle ohne polizeiliches Einschreiten gefunden werden, somit erfolgte der Rückzug aller
Kräfte. Es war ernüchternd. Nicht, weil ich
scharf darauf gewesen wäre, bewaffneten Wi-

derstand zu brechen, sondern weil die menschenunwürdigen Zustände in der Gerhard-Hauptmann-Schule weitergingen. Die alternativen Bürger feierten diesen Moment als Sieg für ihre Sache, doch ich sah nur Verlierer.

„Einsatzleitzentrale, wie lautet ihr Notfall?"

Während der Studienzeit verbrachte ich ein mehrwöchiges Praktikum in unserer Einsatzleitzentrale. Wie Sie sich vorstellen können, erwarten einen die kuriosesten Anrufe von allerlei Bürgern. Die Arbeit bei der Leitstelle war generell in zwei Bereiche geteilt, die Telefonleiste, wo die Notrufe entgegengenommen wurden und die Funkleiste, an welcher die jeweiligen Streifenwagen koordiniert wurden. Man könnte auch vom „internen" und „externen" System sprechen.

Extern erwarteten mich viele Anrufe, die so rein gar nichts mit Notrufen zu tun hatten. Immer wieder ruft der Bürger an und beschwert sich über Nachbarskatzen oder das schlechte Wetter. Manches Mal gibt es jedoch auch echte Notfälle. So rief ein junger Kommissaranwärter an und meldete eine häusliche Gewalt auf offener Straße. Er hatte beobachtet, wie eine junge Frau von ihrem Partner geohrfeigt wurde und folgte dem Tatverdächtigen unbemerkt. Er gab immer wieder Standortmeldungen durch und wir konnten die uniformierten Kollegen anweisen. Es war

meine erste über Funk beauftragte Festnahme
und ich merkte schnell, dass auch eine solche
ein gewisses Glücksgefühl mit sich bringt.

An einem anderen Tag schickten wir einen
Streifenwagen zu einer randalierenden Person in
einem Altersheim. Wie in solchen Fällen üblich,
wollten wir eine zweite Streife zur Unterstützung entsenden:
„Savanne 611, fahren Sie bitte zur randalierenden Person im Altersheim und unterstützen die
anderen Kräfte."

„Hier spricht die Savanne 612, das wird nicht
nötig sein, wir waren vorhin schon da. Sagen wir
es mal so, der Herr ist sehr alt und sehr voll.", es
sind Momente wie diese, die einem ein Lächeln
ins Gesicht zaubern.

Wieder zurück an der Telefonleiste meldete sich
eine asiatische Bürgerin:
„Ja, hallo, bei mir wurden Räder von Auto ge-
stohlen."

„Alles klar, ich schicke Kollegen zu Ihnen, werden Sie in der Wohnung warten oder unten an
ihrem Auto?"

„Ja, ich habe geschlafen heute Nacht.", ich war
mir nicht sicher, ob die Dame verstand, was ich

wollte. Ich wies sie an, in ihrer Wohnung auf den Streifenwagen zu warten.

Ein ernsterer Einsatz folgte dann doch noch, wir mussten mehrere Wagen zu einer Adresse in Kreuzberg entsenden, nachdem ein Bürger mehrere vermummte Männer mit Schusswaffen gesehen hatte, die sich gewaltsam Zutritt zu einer Wohnung verschaffen wollten.

Während in mir ordentlich Adrenalin aufkam und immer mehr Wagen entsandt wurden, rief mein Kollege bei den Spezialkräften an. Er wollte erfragen, ob das SEK womöglich einen Einsatz an eben jener Adresse hatte und ob es Kollegen seien, die versuchten, die Haustür aufzubrechen. Dort wurde gemeldet, es finde kein Einsatz statt und spätestens jetzt war ich sicher, es würde zu einem Großeinsatz im Bereich der organisierten Kriminalität kommen.

Wir koordinierten weitere Streifen, als plötzlich ein Anruf aus der Zentrale der Spezialeinheiten einging. Der Kollege entschuldigte sich, er sei in der Zeile verrutscht, es finde gerade in diesem Moment ein Einsatz des SEK in Kreuzberg statt. Die Spezialkräfte hatten einen Haftbefehl und einen Durchsuchungsbeschluss für eine Wohnung im Bereich der arabischen Großfamilien.

Wir konnten also den Einsatz beenden, bevor er richtig begonnen hatte und ich war erleichtert, dass niemand zu Schaden gekommen war.

Der Job in der Einsatzleitstelle ist interessant und herausfordernd zugleich. Mir persönlich fehlte jedoch der direkte Bezug, das direkte Einschreiten vor Ort. Ich vermisste die Straße.

Kreuzberger Nächte sind lang

Das Studium näherte sich dem Ende und das nächste große Highlight stand an. Nachdem der Bachelor erreicht wurde, fand die Ernennung zum Polizeikommissar statt. Von nun an trennten sich die Wege der Studienkollegen und wir gingen auf unseren ersten Polizeiabschnitt. Bei mir war es der Abschnitt 52 in Berlin Kreuzberg, bei welchem ich auch schon zuvor mein sechswöchiges Praktikum absolviert hatte.

Die Einsätze, die ich in der Zeit auf dem Abschnitt 52 erlebte, habe ich bereits in meinen beiden vorherigen Büchern ausführlich geschildert und ich fände es an dieser Stelle falsch, weitere, womöglich künstlich spannend gemachte Einsätze anzubringen. Für Anekdoten und andere Schilderungen ist aber hier der richtige Ort.

So möchte ich von meinem „Bärenführer" erzählen, den ich „Dan" nennen werde. Ein Bärenführer ist ein erfahrener Kollege, der den Neuen an die Hand nimmt und ihm die ersten Wochen oder Monate als Ansprechpartner zur Seite steht. Da der Bärenführer und sein Schützling vermehrt zusammen eingeteilt werden, wird sichergestellt, dass der Neue alles lernt, was ihm der „Alte" beibringen möchte. Es gab vieles, was ich von Dan lernen konnte. Viele Grundzüge der Eigensicherung und des Lebens „auf der Straße" lernte ich von ihm.

Er hatte eine ruhige Art, wenn er erklärte und wurde temperamentvoll, wenn es das Gegenüber erforderte. Nicht selten wurde er dem Bürger gegenüber laut, was in den Situationen aber jeweils angemessen war.

Was mich an ihm am meisten faszinierte, war der erkennbare Wunsch, dass die Kollegen, die unter seiner Führung heranwuchsen, sich gut entwickelten. Ihm war es immer wichtig, dass der jeweilige Beamte viel lernen und umsetzen konnte und er forderte mich regelmäßig mit Wissensfragen heraus. Umso erfreuter war ich, dass wir nach mehreren Jahren auf der Straße auch zusammen auf der Wache als Wachleiter eingesetzt wurden. Ich war und bin ihm sehr dankbar, dass er sich meiner angenommen hat

und mich geprägt hat, der Polizist zu sein, der
ich heute bin.

Ein weiterer Kollege, der mich auf meinem Weg
begleitete, verließ selbigen leider viel zu früh.
„Wolf" war eher eine Vaterfigur für mich. Er
war Mitte 50 und hatte schon viel erlebt. Daher
wunderte mich nicht, dass er eine eher lockere
Sicht auf viele Dinge hatte. In nahezu jedem
Dienstsport spielten wir mit Leidenschaft Tisch-
tennis. Er war zwar viel besser als ich, doch ich
wuchs an der Aufgabe und wurde schließlich
doch noch besser.

„Wolf" wurde überwiegend als Wachleiter eingesetzt, doch einige wenige Streifenfahrten
machte er noch mit. Zu meinem Glück war ich
mehrfach sein Begleiter. Bei einer häuslichen
Gewalt eines Pärchens standen wir im Schlaf-
zimmer, welches aussah, als habe soeben eine
Orgie im Swinger Club stattgefunden. Die
Streithähne versicherten uns, ausschließlich sie
hätten Liebe gemacht, doch vom Ausmaß der
Körperflüssigkeiten auf dem Laken musste es
mehrfach zu Höhepunkten aller Art gekommen

sein. Dutzende Dildos und Gleitgel komplettierten den Anblick.

„Wolf" sah sich um, es waren mittlerweile gut drei weitere Streifen am Ort und nahmen den Sachverhalt auf. Ganz trocken sagte er: „Komm, Roman, wir sind hier sozusagen hyperliquid, also überflüssig." und mein Grinsen war ihm sicher. Auf der Wache sitzend war „Wolf" auch die coolste Socke. Wann immer ein Bürger Einlass auf die Dienststelle begehrte, begrüßte er denjenigen auf seine ganz eigene Art: „Tach, wie könn' wa helfen?".

Eines Tages beim Sport war er nicht so gut drauf wie sonst, er klagte über Schmerzen im Hüftbereich. Ich fragte, ob er mal beim Orthopäden gewesen sei, doch er meinte nur, ein Arzt werde seinen Heilungsprozess kaum beschleunigen. Als es nach Wochen nicht besser wurde, ging er schließlich doch. Der Arzt stellte Metastasen fest, mein Kollege litt an Krebs. Zunächst schied er aus dem aktiven Dienst aus und ließ sich behandeln. Es sollte jedoch nur noch wenige Monate dauern, bis er von uns ging. Für mich war es nach meinem Vater die nächste Bezugsper-

son, die starb. An seiner Beisetzung teilzuneh-
men war mir ein besonderes Anliegen und ich
war nicht der Einzige. Knapp 100 uniformierte
Polizisten erwiesen dem „Wolf" die letzte Ehre.

Der schwere Schritt

Als ich bereits drei Jahre auf den Straßen Kreuz-
bergs Dienst verrichtet hatte, hatte meine Exfrau
eine Nachricht für mich, die mein Leben nachhaltig ändern sollte.

Sie hatte Luft- und Raumfahrt studiert und war
kurz davor, ihren Bachelor im Bereich Ver-
kehrswesen zu erhalten. Sie schaute nach Stel-
lenausschreibungen, die ihrer Qualifikation ent-
sprachen und wurde enttäuscht. Im Großraum
Berlin gab es keine Stelle, die sie überzeugt
hätte. Nach reiflicher Überlegung teilte sie mir
mit, dass Hamburg oder München die von ihr
präferierten Orte wären und sie sich dort gern
nach Stellen umschauen möchte. Ich unterstützte
sie dahingehend vollkommen, wusste ich doch
zu gut, wie wichtig Arbeitszufriedenheit sein
kann. Ich sagte ihr, wenn es möglich wäre,
würde mir München eher zusagen. Mein
Wunsch waren Schichten in der Stadt und Aus-
flüge in die Berge im Frei.

Bereits nach kurzer Zeit fand sie einige Jobange-
bote in München und ihre Bewerbungen führten
zum gewünschten Erfolg, sie bekam eine Stelle
bei einer Partnerfirma von BMW. Es war also
nur noch eine Frage der Zeit, bis sie umziehen
müsste. Für mich bedeutete diese Nachricht, ich
musste mich nach einem Tauschpartner um-
sehen.

Bis zum heutigen Tag funktioniert es in Behörden so, dass ein wechselwilliger Beamter, der
das jeweilige Bundesland verlassen will, einen
adäquaten Ersatzkandidaten mitteilen muss, welcher seinen Posten übernimmt. Hierbei muss alles stimmen, der Dienstgrad, das ungefähre Alter
und – wie ich scherzhafterweise gern ergänze –
im besten Fall auch die Schuhgröße. Nachdem
es die ersten Monate aussichtslos schien, über
Aushänge an schwarzen Brettern oder Internet-
anzeigen einen Tauschpartner zu finden, suchte
ich andere Wege, um meiner Frau nach München zu folgen. Schließlich hatte ich ein abge-
schlossenes Polizeistudium und könnte ja, quasi
extern, bei der Polizei in München erfragen, ob
sie jemanden gebrauchen könnten. Die Antwort

vom Innenministerium folgte prompt und leider wurde mir mitgeteilt, dass explizit davon abgesehen wird, ehemalige Polizeibeamte einzustellen. Ich kann mir das nur mit dem politischen Druck erklären, den ein Bundesland wie Berlin auf andere Länder ausübt, frei nach dem Motto: „Nehmt uns nicht unsere Polizisten weg, indem ihr sie besser besoldet oder gar mehr wertschätzt." So hatte Berlin seinerzeit im Jahr 2002 keine fertigen Auszubildenden übernommen, da die notwendigen Stellen nicht vorlagen. Verständlicherweise entschieden sich diverse Kollegen dafür, ihr berufliches Glück in einem anderen Bundesland zu suchen.

Meiner Ansicht nach hätte Berlin auch in heutigen Tagen vermutlich generell bessere Voraussetzungen schaffen sollen, dann fände weniger Abwanderung der Kollegen zum Nachbarland Brandenburg statt. Zudem ging es bei mir auch nicht um einen finanziellen Aspekt, ich wollte nur wieder bei meiner Frau leben.

Nachdem die Idee der spontanen Bewerbung nicht umsetzbar war, bewarb ich mich kurzerhand regulär auf einen Studienplatz für den gehobenen Dienst bei der Landespolizei Bayern, also für das exakt gleiche Studium, welches ich bereits Jahre zuvor erfolgreich abgeschlossen hatte. Es machte mir Hoffnung, im Bewerbungsvordruck den Passus „Sind Sie bereits Polizeivollzugsbeamter?" vorzufinden, welchen ich wahrheitsgemäß mit „Ja" beantwortete. Wenige Tage nach dem Abschicken der Bewerbung erhielt ich einen Anruf.

„Herr Osburg, Sie haben angegeben, dass Sie bereits Polizist sind. So können wir Ihre Bewerbung leider nicht annehmen, Sie müssten sich erst aus dem Amt entheben lassen und wären danach frei, sich für das Studium zu bewerben. Aber bedenken Sie bitte, dass Sie von ganz vorn anfangen und es sogar sein kann, dass Sie nicht eingestellt werden, weil z.B. jemand anderes den Test besser besteht.".

Für mich stand fest, diesen Schritt werde ich nicht gehen. Es musste eine andere Lösung geben. Ich fragte beim Zoll an, immerhin ist die Tätigkeit artverwandt. Auch hier hätte ich zunächst die Ausbildung absolvieren müssen und wurde ferner auf die bundesweite Verwendung

von Zollbeamten hingewiesen, was mich auch
von diesem Schritt abhielt.

Immer wieder meldeten sich Kollegen aus München und fragten nach einem Tausch. Hatte ich
zu Beginn noch hohe Erwartungen, wurden
diese meist nach einem kurzen Gespräch zunichte gemacht. Die wechselwilligen Kollegen
waren allesamt von der Bundespolizei und wollten zwar nach Berlin, zur Landespolizei wechseln wollte jedoch keiner von ihnen. Unterm
Strich hätte dieser Wechsel für die Kollegen einen Gehaltsunterschied von gut 400 Euro bedeutet und das wollte keiner hinnehmen.

Weitere Jahre vergingen und meine Exfrau und
ich besprachen eine „Notlösung". Sollte ich bis
zum Juli 2021 keinen Tauschpartner in Aussicht
haben, käme sie schweren Herzens zurück in die
Hauptstadt. Zu unangenehm war das ständige
Pendeln, wir hatten nicht geheiratet, um uns nur
an Wochenenden sehen zu können.

Mittlerweile waren gut drei Jahre vergangen, seit ich zum ersten Mal Ausschau nach einem wechselwilligen Beamten aus Bayern hielt. Ich erhielt eine Nachricht auf meinem Handy. Wir waren zwei Tage zuvor aus einem Urlaub aus Japan zurückgekehrt, ich dachte, einer meiner Freunde wollte ein Treffen ausmachen.

Was ich dann las, änderte meine Laune schlagartig zum Positiven. Es war ein Polizeikommissar der Bundespolizei, der schrieb, er habe mein Tauschgesuch gesehen und sei an einem Wechsel zur Landespolizei interessiert. Er wolle künftig mehr erleben und glaube, Berlin sei das richtige Pflaster dafür.

Oh Junge, da lag er sowas von richtig und das sagte ich ihm auch. Wir leiteten die nötigen Schritte in die Wege und schon bald stand mir der Wechsel des Dienstherrn bevor. Zuvor musste ich natürlich einer medizinischen Untersuchung unterzogen werden. Die Bundespolizei „kaufte" mich schließlich für den Rest meines Lebens ein und wollte sicherstellen, dass ich keine schwerwiegenden Gesundheitseinschrän-

kungen mitbrachte. Das Ergebnis der Untersuchung war zufriedenstellend und mir wurde der
Wechsel genehmigt.

Teil II: Ankommen in einer neuen Umgebung – Die Bundespolizei

Der Straßencop am Flughafen

Nach einem schweren Abschied von Berlin-Kreuzberg und einem ebenso schwierigen Abschied von Freunden und der Familie erreichte ich den Flughafen München mit gemischten Gefühlen. Auch hier wurde ich gleich zu Beginn ernannt, auch wenn sich mein Dienstgrad nicht änderte.

Den Amtseid legte ich auch gleich am ersten Tag ab, nur war es im Büro des Dienststellenleiters und unter sechs Augen. Mein Einstieg am Flughafen München war eigenartig. Durch die weltweite Corona-Pandemie war nahezu kein Flugbetrieb, der Flughafen ähnelte einer Geisterstadt. Leerstehende Geschäfte, unmotivierte Flughafenmitarbeiter und sehr wenig zu tun für einen Polizisten, der wenige Wochen zuvor bei einem Bankraub nach bewaffneten Tätern fahndete. Zudem musste ich lernen, wofür die Bundespolizei steht – und wofür nicht.

Das deutsche Polizeisystem ist grundsätzlich in die jeweiligen Länder untergliedert. So hat jedes Bundesland eine eigene Landespolizei innerhalb derer Bereiche wie das Landeskriminalamt oder andere Kripodienststellen angegliedert sind. Zuständig ist die jeweilige Länderpolizei für nahezu alle Delikte, die nicht mit Grenzüberschreitungen, Ausländerrecht oder Bahn/Luftsicherheit zusammenhängen. Die Bundespolizei, die dem Namen nach in der gesamten Republik eingesetzt wird, kümmert sich um eben jene Deliktsfelder, die nicht mehr in den Zuständigkeitsbereich der Länder fallen.

Natürlich gibt es immer wieder Überschneidungen und Kooperation zwischen den Behörden. Die Zuständigkeiten zu verstehen, fiel mir nicht schwer, mich in meiner neuen Rolle zurechtzufinden hingegen schon. Ich war ein erfahrener Kollege, hatte 8 Jahre in der Polizei Berlin verbracht und kam mir dennoch vor, wie ein Praktikant. Ich kannte die meisten der nun für mich wichtigen Rechtsgrundlagen nicht, kannte das polizeiliche Verarbeitungssystem des Bundes nicht und wusste nichts über die Behörde, die nun „meine" Behörde war. Was mich am meisten überraschte, war die Vielfalt, die in der Bundespolizei herrschte. Dachte ich anfangs, dass nahezu alle neuen Kollegen gebürtige Bayern wären, wurde ich schnell eines Besseren belehrt. Manche kamen von Rügen, manche aus Brandenburg oder Nordrhein-Westfalen. Eine Kollegin hatte sogar selbst Erfahrungen mit der Landespolizei in NRW gemacht und war nun ebenfalls am Flughafen München gelandet. Wir waren ein bunter Haufen und ich war erfreut, wie gut ich in meiner neuen dienstlichen Heimat aufgenommen wurde.

Zurückgewiesen – und nun?

Nach ein paar Schichten machte ich meine ersten Erfahrungen, welche polizeiliche Tätigkeit mich unter anderem am Flughafen erwartete.

Üblicherweise saßen wir in den „Boxen", gläserne Büros, in welchen wir die Pässe der Reisenden kontrollierten und entweder die Ein- oder Ausreise gestatteten. Hierbei werden die Daten natürlich fahndungsmäßig überprüft. Etwaige Haftbefehle oder Aufenthaltsermittlungen würden so umgehend auffallen. Für komplexere Angelegenheiten muss der jeweilige Beamte schon nachfragen. Ich fand es zu Beginn schwierig, die Linie zwischen angemessenem Smalltalk, notwendiger Einreisebefragung und gebotener Kürze wegen Überfüllung zu ziehen.

Ich lernte aber auch, je häufiger man Befragungen durchführt, desto effizienter wird man.

So kam es zu einem Vorfall, der mich nachhaltig beschäftigen sollte. Aufgrund der anhaltenden Corona-Pandemie galten deutlich strengere Regeln, was die Einreise nach Deutschland anbelangt. So war diese nur mit einem triftigen

Grund gestattet und dieser war lückenlos zu belegen.

Ein ca. 70 Jahre alter Russe kam an die Einreisebox meines Kollegen, welchem ich über die Schulter schauen sollte, um die Abläufe zu lernen. Der Senior, Viktor, legte seinen Reisepass und ein gültiges Visum für Deutschland vor. Auf Befragen, warum er einreisen müsse, gab er an, seine Enkelkinder zu betreuen, während seine Tochter arbeiten geht. Sie sei alleinerziehend und daher sei es nötig, dass er sich um die Kinder kümmere.

Für mich als Straßencop klang das alles ganz plausibel, Viktor schien ein netter Mann zu sein und die Begründung leuchtete mir auch ein. Unerfahren, wie ich war, hätte ich Viktor passieren lassen und hätte mich dem nächsten Reisenden angenommen. Mein erfahrener Kollege hingegen befragte ihn noch eingehender. Es ging um weitergehende Informationen.

-Wo arbeitet die Tochter?

-Wie viele Kinder sind zu betreuen?

-Warum kommt er erst jetzt, ca. 6 Monate nach
 Beginn der Pandemie zur Betreuung?

-Wie lange möchte er bleiben?

-Hat er zuvor seine Tochter besucht?

Besonders beim letzten Punkt konnten wir anhand der Einreisestempel im Reisepass erkennen, dass Viktor die vergangenen 6 Jahre stets im Oktober für rund vier Wochen nach Deutschland reiste. Es war wieder Oktober und er gab an, ein Rückflugticket für in vier Wochen zu besitzen. Den Job bei einer IT-Firma übe seine Tochter schon seit rund 2 Jahren aus, ihre zwei Kinder lässt sie sonst anders betreuen. Spätestens hier wurde auch mir klar, dass es keinen triftigen Grund für den Aufenthalt von Viktor in Deutschland gab.

Mittlerweile sah es eher so aus, als wolle Viktor seinen üblichen vierwöchentlichen Urlaub in Deutschland bei seiner Tochter verbringen.

Ich bitte darum, nicht falsch verstanden zu werden, üblicherweise wäre Urlaub erlaubt und jedem gegönnt, doch zu Zeiten der Pandemie gab es rechtlich gesehen starke Restriktionen und wer dagegen verstoßen hatte, der hatte etwas falsch gemacht. Viktor wurde gebeten, uns auf die Wache zu folgen. Dort bestellten wir eine Dolmetscherin, damit die anstehende Befragung in einer für ihn verständlichen Sprache erfolgen konnte. Die Befragung bestätigte die ersten Erkenntnisse und obwohl sich Viktor keiner Schuld bewusst war, sah auch er ein, dass es eher ein routinemäßiger Besuch, als ein notfallmäßiges Betreuen der Enkelkinder werden sollte. Ich bemerkte, wie sein Blick immer trauriger wurde und wie es auch ihm dämmerte, dass er einen Fehler begangen hatte. Wie gewichtig dieser sein sollte, konnte auch ich zunächst nur erahnen.

Aus Berlin war ich es gewohnt, dass selbst schwere Straftäter – und das war Viktor weiß Gott nicht – zeitnah wieder freigelassen und sie womöglich zu einem späteren Zeitpunkt belangt wurden. Bei unserem russischen Senior sollte die „Strafe" jedoch auf dem Fuße folgen. Mein Kollege erklärte ihm, wie es weitergehen würde.

„Da die Voraussetzungen für eine Einreise in die
Bundesrepublik Deutschland nicht vorliegen,
müssen wir Sie hier an der Grenze zurückwei-
sen. Der nächste Flug zurück nach Moskau ist
für morgen 16:00 Uhr terminiert, wir werden die
Airline in Kenntnis setzen, dass Sie auf dieser
Maschine einen Platz bekommen. Die Kosten
hierfür werden Sie tragen müssen. Ihre Tochter
darf zu uns auf die Wache kommen und Ihnen
Geld oder ähnliches übergeben, danach werden
Sie im Transit-Bereich auf ihren Abflug warten.“.

Für mich klang das alles echt hart. Ich hatte
Räuber festgenommen, die haben ähnliche Sank-
tionen erleiden müssen. Rechtlich gab es an dieser Entscheidung nichts zu rütteln, dies waren
die Fakten. Strafbar hatte Viktor sich nicht gemacht, er durfte nur nicht einreisen.

Der arme Mann musste rund 22 Stunden am
Flughafen auf seinen Flug warten. Er durfte den
Transit-Bereich nicht verlassen, konnte sich nur
dort verpflegen und musste auf harten Metall-
stühlen die Nacht verbringen. Seine Tochter
konnte ihn nur ganz kurz auf unserer Wache be-
suchen und ihm ein paar Euros geben, damit er

sich Essen und Trinken leisten konnte. Der alte Mann tat mir richtig leid. Natürlich hätte er sich besser informieren müssen, welche Bestimmungen galten. Vielleicht hatten er und seine Tochter auch genau dies getan und wissentlich versucht, ihn entgegen den Regeln einzureisen zu lassen.

Ich habe nie erfahren, wie es wirklich dazu kam, dass Viktor die Reise nach München in Zeiten einer globalen Pandemie angetreten hatte, doch den Ausgang seiner Reise erlebte ich hautnah mit. In der folgenden Schicht sollte ich im Rahmen einer Streife bei Viktor vorbeigehen und schauen, ob es ihm gut geht. Er saß niedergeschlagen auf seinem Sitz im Wartebereich und hatte noch einige Stunden, bis sein Flug ihn zurück in sein Heimatland bringen sollte. Für mich war es ein erster Vorgeschmack auf einen der größten Grundrechtseingriffe, die ein Bundespolizist am Flughafen aussprechen kann und manchmal muss.

Ich habe seitdem diverse solcher Zurückweisungen miterlebt und weiß, wie wichtig es ist, die Grenze der Bundesrepublik Deutschlands am

Flughafen zu überwachen. Auch wenn es nicht offensichtlich ist, durch diese Überwachung wird der Staat – und somit jeder einzelne von uns – vor illegalen Machenschaften beschützt.

Voll mit Speed

Nach einigen Tagen des Einlernens am leeren Flughafen ging es zu meinem ersten Grenzeinsatz nach Freilassing. Dort, kurz hinter der Grenze zu Österreich, befand sich unser Kontrollzelt und interessant aussehende Fahrzeuge wurden dort einer Grenzkontrolle unterzogen. Das war mehr meine Welt, mit diesen Dingen kannte ich mich aus und hatte das Gefühl, verdächtige Fahrzeuge „riechen" zu können. So auch den Wagen von Fabian.

Fabian und sein Kumpel Dominik kamen nachts um 01:00 Uhr aus Österreich und fuhren mit Fabians rotem Opel in unser Kontrollzelt ein. Bereits beim Anhalten bemerkte ich, dass Dominik furchtbar nervös schien. Wir ließen Fabian den Motor ausstellen und sein Beifahrer strich nun mit der Handfläche mehrfach über das Armaturenbrett. Wäre es aus Fell gewesen, hätte er den Schweiß an seinen Händen abwischen können, aber so sah es wirklich sonderbar aus.

„Sind Sie ein bisschen aufgeregt?", fragte ich ihn direkt.

„Ja, wissen Sie, meine Ex-Freundin hat mich verlassen, da bin ich etwas nervös.".

„Das tut mir natürlich leid, wann ist das denn passiert?", es tat mir natürlich nicht leid, denn ich erkannte, dass es sich um eine Ausrede handelte.

„Vor gut drei Monaten.", damit hatte ich dann auch die Bestätigung für meinen Verdacht. Wir ließen beide Personen aussteigen und ich warf einen Blick ins Innere des Fahrzeugs, wie ich es in Berlin schon hunderte Male getan hatte. Oftmals verrät einem der Innenraum einiges über denjenigen, der das Auto führt.

Zwei leere Red-Bull-Dosen im Fußraum, zwei weitere im Getränkehalter. Dazu Zigarettenfilter im Aschenbecher und Essensreste und Kekskrümel auf dem Boden und den Sitzen. Generell war der Reinigungszustand des Innenraums eher „zugemüllt". Meine Frau sagt immer unser PKW wäre unordentlich oder gar verschmutzt. Nun ist das Gegenüber nicht gerade das Maß der Dinge, aber unser Wagen sieht nicht ansatzweise so schlimm aus.

Hinter dem Beifahrersitz stand ein grüner Rucksack, der mein Interesse weckte. Ich öffnete die kleine Reißverschlusstasche und fand allerlei

Utensilien, die zum Veräußern von Betäubungsmitteln benötigt werden.

Eine Feinwaage, einen sogenannten „Crusher" zum Zerkleinern von Cannabis sowie einen Plastikbeutel mit weißem Pulver. Mittlerweile konnte ich mir ganz gut vorstellen, warum Dominik über das Armaturenbrett wischte. Er wusste wahrscheinlich, dass die beiden noch mächtig Ärger bekommen würden. Ich zeigte beiden den Inhalt des Rucksacks und fragte, wem dieser gehöre. Die Antwort war nicht sehr einfallsreich:

„Der, äh, ja, also der, der gehört eigentlich einem Kumpel.", stammelte Fabian.

„Und wie heißt der Kumpel?", fragte ich, obwohl ich die Antwort vorhersehen konnte.

„Der heißt, äh, also eigentlich kennen wir den nicht wirklich, ist kein richtiger Kumpel.".

Sofern jemand Zweifel am Wahrheitsgehalt dieser Aussage hat, ich empfehle wärmstens die Bewerbung bei der Polizei, denn das Gefühl täuscht nicht. Die Geschichte, die Fabian und sein tatsächlicher Kumpel Dominik auftischen wollten, war komplett erfunden. Weitere Angaben zum „Kumpel" wollten sie dann auch nicht mehr machen.

Da Fabian das Kraftfahrzeug bis hierhin geführt hatte, wurde ein Drogenschnelltest durchgeführt. Dieser schlug positiv auf Amphetamine an, womit eine Weiterfahrt untersagt werden musste. Dominik fragte ich gar nicht erst, ob er in der Lage sei, Auto zu fahren, er war definitiv berauschter, als sein Kumpel. Strafbar hatte er sich mit dem Konsum von Betäubungsmitteln zwar nicht gemacht, aber noch war nicht geklärt, wem der Rucksack samt Inhalt gehörte.

Die strafrechtlich relevanten Gegenstände wurden beschlagnahmt und beide Personen sollten nun noch durchsucht werden. Mein Kollege und ich gingen mit Dominik in einen extra für Durchsuchungen ausgelegten Raum und routinemäßig wies ich Dominik an, sämtliche Gegenstände aus allen Taschen auf dem Tisch vor sich abzulegen und seine Jacke auszuziehen. Dieser Moment ist immer mit erhöhten Gefahren verbunden, denn wenn der Täter jetzt ein Messer mitführt, ist das die Gelegenheit, um zuzustechen. Dominik führte jedoch kein Messer mit und seine Durchsuchung sowie die seiner Sachen verlief ohne Erfolg. Nun war Fabian an der

Reihe und wurde ebenfalls in den Durchsuchungsraum verbracht. Auch ihm sagte ich, er solle alle Gegenstände auf dem Tisch ablegen. Er legte sein Smartphone, sein nahezu leeres Portemonnaie und ein Ladekabel auf den Tisch und sah mich an.

„Fertig.", er schaute, als erwarte er ein Lob von mir.

„Ich werde Sie jetzt am Körper durchsuchen, einfach ganz locker stehenbleiben.", sagte ich zu ihm, während ich zunächst an seine Hosentasche und schließlich an seine Hüfte griff.

„Was haben Sie denn hier noch? Ein Smartphone?", ich fühlte etwas Festes und schob den Pullover ein wenig hoch. Da erkannte ich eine schwarze Schusswaffe, die zwischen Hosenbund und Pullover steckte. Ich war erstaunt, dass das Kommando, welches mir in der Ausbildung für einen solchen Moment beigebracht wurde, aus meinem Mund ertönte.

„Waffe!", schrie ich und zog die Pistole aus seiner Jeans. „Umdrehen! Und Hände auf den Rücken!", befahl ich Fabian, der zu beschwichtigen versuchte.

„Es ist nur eine Schreckschusswaffe.", sagte er mit einer gewissen Gleichgültigkeit. Was Fabian offenbar nicht wusste, auch eine SRS-Waffe (Schreckschuss-, Reizstoff-, Signalwaffe) kann aus kurzer Distanz tödliche Verletzungen zufügen. Durch den hohen Druck kann bei einem aufgesetzten Schuss die Schädeldecke platzen und zum Tode führen.

Beim Erzählen dieser Geschichte habe ich auch aus meinem persönlichen Umfeld mitbekommen, dass viele noch immer Schreckschusswaffen als harmlose Attrappen ansehen. So finde ich auch die Berichterstattung in den Medien immer fragwürdig, wenn ein in Notwehr erschossener Täter „nur" eine Schreckschusswaffe mitgeführt hatte. Auf den ersten Blick sind diese Waffen kaum von echten zu unterscheiden und sie sind auf kurze Distanzen trotzdem arg gefährlich. Wer eine solche Waffe mitführt, darf sich nicht wundern, wenn ihm eine Dienstwaffe entgegengebracht wird.

Fabian gehorchte jedenfalls umgehend und nahm beide Hände auf den Rücken. Mein Kollege übernahm die Waffe von mir und ich legte Fabian die Handfessel an. Ich ließ ihn sich hinsetzen. Mit vorwurfsvollem Blick sah ich ihn an und sagte:

„Bist du noch ganz dicht?! Wir haben beide eine Frau und Kinder zuhause und wollen gesund heimkommen!", ich log ihn an, weder mein Kollege noch ich hatten Kinder daheim, aber diese kleine Lüge war notwendig, um ihm sein Fehlverhalten zu verdeutlichen.

„Ja, es tut mir ja irgendwie auch leid.", so halbherzig wie diese Aussage sich anhört, war sie auch. Da saß er nun, gefesselt auf dem Stuhl und ich zog seine Schuhe aus, entfernte seinen Gürtel und suchte in sämtlichen Taschen nach weiteren Gegenständen. Das Einzige, was ich nicht mehr tat, war seine Hose herunterzulassen und ihn auch im Bereich der Unterhose zu durchsuchen, aber beim Abtasten hatte ich eh nichts weiter erfühlt. Zudem hatte ich mit der Waffe ja schon etwas Ordentliches gefunden. Ein trügerisches Gefühl, denn nur, weil man bei einer Durchsuchung etwas findet, heißt das noch nicht, dass da nicht noch mehr wäre, wie ich wenig später schmerzlich erfahren sollte.

Die beiden Österreicher mussten ins Gewahrsam verbracht werden und wurden dafür von einer Streife abgeholt. Wir hatten zwischenzeitlich das weiße Pulver untersucht und gewogen. Es handelte sich um „Speed", Amphetamin, und da es rund 31 Gramm waren, lag eine „nicht geringe Menge" vor. Der Umgang mit dieser wird vom

Gesetzgeber härter bestraft, da mit einer solchen Menge viel Leid zugefügt werden kann. Es erhärtete zudem den Verdacht, dass die beiden womöglich mit Betäubungsmitteln Handel betrieben. Auch die Schreckschusswaffe würde ins Bild passen. Doch eine Sache fehlte, vielleicht haben Sie es auch schon bemerkt?

Wer Betäubungsmittel veräußert hat in der Regel große Mengen Bargeld dabei. Entweder zum Kaufen von weiteren Drogen oder als Handelserlös aus bereits erfolgten Verkäufen. Doch weder im Auto noch im Rucksack oder an den beiden Tätern fand sich Bargeld.

Auf der Polizeiinspektion sollten beide nun in eine Zelle gesperrt werden. Bevor das passiert, werden die Personen immer bis aufs kleinste Detail durchsucht und vollständig entkleidet. Es soll niemand die Möglichkeit haben, sich im Polizeigewahrsam zu erhängen oder einen Angestellten mit einer mitgebrachten, versteckten Rasierklinge zu bedrohen. Fabian musste im wahrsten Sinne des Wortes die Hosen runterlassen und es kamen rund 1.300 Euro Bargeld zum Vorschein. Diese hatte er dort versteckt, wo normalerweise keine Sonne hin scheint und es ist fraglich, ob der lateinische Satz „pecunia non olet" auch auf diese Barschaft zutraf.

Mein Dienstgruppenleiter erhielt einen wut-
schnaubenden Anruf vom Gewahrsamsleiter, in
welchem dieser sich beschwerte, wie wir durchsuchen und ob so etwas nicht auffallen würde.
Hierzu ein paar Anmerkungen meinerseits.

Niemanden, glauben Sie mir, niemanden hat die
Nachricht über das aufgefundene Bargeld mehr
geärgert als mich. Ich habe die entsprechende
Erfahrung in dem Deliktsbereich, ich hätte wissen müssen, dass noch irgendwo Bargeld versteckt ist. Zugleich wusste ich aber auch, dass
das Auffinden der Waffe mich und meinen Kollegen aus der üblichen Routine herausgerissen
hatte. Mein Dienstgruppenleiter sah das wohl
genauso und stellte sich schützend vor uns (was
auch nicht jeder Vorgesetzte tut). Er gab dem
GeSa-Fürsten (alte Bezeichnung für den dienst-
habenden Beamten in einer Gefangenensammel-
stelle) zu verstehen, dass das Auffinden der
Waffe eine Sondersituation dargestellt hatte und
er es sich verbitte, weitere Anschuldigungen in
unsere Richtung zu vernehmen. Wir waren aus
dem Schneider. An dieser Stelle einen großen
Dank an meinen Dienstgruppenleiter.

Im Rahmen der weiteren Ermittlungen gaben die Täter übrigens an, sie hätten sich verfahren und hatten nie vor, nach Deutschland einzureisen. Ihr Wunsch war, innerhalb Österreichs zu bleiben, eine Tankstelle anzufahren und dann heimzukehren, doch eine falsche Ausfahrt führte sie in unser Zelt und dann in unsere Zellen.

Es standen weitere Grenzeinsätze an, doch waren nicht alle spektakulär. Ich erinnere mich an kalte Tage in Pfronten oder Kempten, an denen die größte Sorge, der sich leerende Akku vom Handy war. Es passierte einfach zu wenig. Wir waren aufmerksam, wir waren präsent, doch manches Mal warteten wir stundenlang im Fahrzeug auf vorbeifahrende Autos und es folgte der prüfende Blick, ob uns das Fahrzeug „interessant" genug vorkam.

Gab es Anhaltspunkte auf grenzüberschreitende Kriminalität oder sonstiges Fehlverhalten? Zu oft sollte die Antwort leider „nein" lauten. Es war eine Herausforderung, die Motivation nicht zu verlieren, insbesondere, wenn „Erfolge" wie Fahndungstreffer, Drogenfunde oder Schmuggeleien ausblieben. Doch es sollte weitere Möglichkeiten geben, denn bald schon wurde uns ein

neuer Einsatzraum zugeteilt. Es ging nach
Passau.

57

Die Brücke nach Deutschland

Es war mittlerweile Dezember und wir wurden im Bereich Simbach eingesetzt. Dort lag die Stadtbrücke, die direkt nach Österreich führte. Unsere Aufgabe war eindeutig, wir sollten uns im Bereich der Grenze positionieren und jede verdächtige Einreise überprüfen. Wann genau eine Einreise verdächtig ist, kann ich schwierig beschreiben. Es ist ein Gefühl, welches ein jeder Polizist entwickeln muss. Ein Gefühl, dass etwas nicht passt oder etwas mehr ist, als es den Anschein macht. So kann natürlich ein Fahrzeug voller junger Männer auffällig sein. Ebenso kann es auffällig sein, wenn ein Fahrzeug nur kurz die Staatsgrenze passiert und nach sehr kurzer Zeit zurückkehrt. Wann immer wir das Gefühl hatten, ein vorbeifahrendes Fahrzeug sei „verdächtig", fuhren wir hinterher und unterzogen es und den Fahrer einer Kontrolle. Meistens täuscht man sich und hält rechtschaffende Bürger an, die man freundlich kontrolliert und denen man damit zeigt: „Die Grenzpolizei ist wachsam."

Eines Morgens, es war klirrend kalt, liefen mein Kollege und ich zu Fuß über die Brücke, da wir unsere österreichischen Kollegen auf der anderen Seite erspäht hatten. Wir wollten erfragen, wie sie mit den Anordnungen zur Kontrolle des Reiseverkehrs in Zeiten der Corona-Pandemie umgehen, wollten hören, was sie „unseren" deutschen Pendlern sagen, wenn diese versuchen, nach Österreich zu reisen.

Eines ist mir in den Zeiten an der Grenze mehr als bewusst geworden. Man ist als Bundespolizist eine fleischgewordene Informationstafel. Dutzende Fragen, im Besonderen natürlich über die Restriktionen während der weltweiten Pandemie. Als wir die andere Seite der Brücke erreicht hatten und so gesehen uns auf österreichischem Staatsgebiet aufhielten, kamen wir mit den Kollegen ins Gespräch. Sie wussten auch nicht so recht, was erlaubt sei, wann, wer, wie lange in Quarantäne gehen müsse. Eine Kollegin blieb mir jedoch besonders im Gedächtnis. Bei eisigen Temperaturen sah sie meinen Kollegen und mich an und fragte: „Habt's ihr koa

Haubn?", woraufhin ich sie erstmal fragend ansah. Mein Kollege hingegen verstand die Frage und antwortete, seine befände sich in seiner Hosentasche. Ich muss ausgesehen haben, wie ein Blinder, dem von Farben erzählt wird. Dann erst dämmerte mir, was die Kollegin gemeint haben musste. „Joa, so kalt finde ich es nicht, ich habe meine Mütze im Auto.", sagte ich, als hätte ich von Anfang an verstanden, was sie gefragt hatte.

Wir verabschiedeten uns von den Kollegen, verließen Österreich und gingen zu unserem Fahrzeug zurück. Einige Stunden später, die österreichische Polizei war mittlerweile abgezogen, saßen wir in unserem Auto und unterhielten uns über Belanglosigkeiten. Ich rief meine damalige Frau an und erzählte ihr, wie wenig erfolgreich wir bisher waren. Nicht ein kontrolliertes Fahrzeug wurde zu einem „Treffer", wie es polizeilich gern heißt, wenn etwas Relevantes festgestellt wurde. Bei der Bundespolizei ist es schwieriger, einen „Treffer" zu landen, da die Zuständigkeiten so eingeschränkt sind. Natürlich hätten wir auch einen betrunkenen Autofahrer oder einen ohne Führerschein festgenommen, aber der Vorgang wäre dann zuständigkeitshalber an die Landespolizei übergeben worden.

Während ich an vergangene Tage dachte und mit meiner Frau telefonierte, passierte uns ein schwarzer 3-er BMW. Wie immer schaute ich an meinem Kollegen vorbei in das vorbeiziehende Fahrzeug und erkannte, dass der Fahrer lange, ungepflegte dunkle Haare hatte. Es waren definitiv mehrere Personen im Fahrzeug. Mehr ist in diesem kurzen Moment einfach nicht auszumachen. Ich sah meinen Kollegen an, und routiniert wendete er unser Fahrzeug, damit wir dem BMW folgen konnten. Während ich das Gespräch mit meiner Exfrau beendete („Schatz, ich muss los, wir haben da vielleicht etwas."), schaute meine Kollegin von der Rücksitzbank dem BMW nach. „Da vorne, das ist er.", hörte ich sie rufen. Wir schalteten unser Anhaltesignal ein, der Fahrer schien es jedoch nicht zu bemerken. Also das Blaulicht zusätzlich eingeschaltet und…er reagierte noch immer nicht.

„Ich glaube, er versucht abzuhauen.", stellte mein Kollege fest. An einer Einfahrt bog der BMW nach rechts und wir folgten ihm mit einigem Abstand. Die Einfahrt teilte sich in zwei Richtungen und instinktiv wählten wir die richtige.

In einer Sackgasse stand der schwarze BMW vor uns und wir näherten uns dem Fahrzeug. Mein erster Blick galt dem Fahrersitz, doch zu meinem Erstaunen war er leer. Im Inneren des BMW befanden sich genau drei Personen. Zwei Frauen, die mit edlen Kopftüchern bekleidet waren und ein junger Mann, welcher hinter der Beifahrerin saß. Ich war verdutzt. Hatte der Fahrer einen solchen Vorsprung, dass er unbemerkt aussteigen und wegrennen konnte? Mein erster Gedanke war, der junge Mann, der hinten im Fahrzeug saß, könnte gefahren sein und habe sich schnell nach hinten umgesetzt. Dies stellt eine durchaus übliche Taktik von jenen Straftätern dar, die keinen Führerschein besitzen oder durch Alkohol- oder Drogenkonsum fahruntüchtig geworden sind. Ich war also überzeugt, den Täter zu einem Fahren unter Einfluss oder Fahrens ohne Fahrerlaubnis vor mir zu haben. Dass der hinten sitzende junge Mann viel schlanker war, fiel mir zunächst nicht auf.

Ich gebe zu, das war meine landespolizeiliche Sicht auf den Vorfall, die mein Urteilsvermögen kurz trübte. Meine beiden Kollegen, durch und durch Bundespolizisten und mit den üblichen Straftaten im Grenzbereich vertraut, dachten gleich an eine andere Tat: Das Einschleusen von Ausländern.

Wir befragten die Insassen auf Deutsch und Englisch, wohin der Fahrer flüchtete. Sie verstanden uns nicht. „Driver, Fahrer, Chauffeur?", sagte ich und beim Wort „Chauffeur" zeigten die Frauen nach vorn, in Richtung einer kleinen Mauer. Der Hinterhof gehörte zu einer Metzgerei und die Mauer führte in Richtung des öffentlichen Straßenlandes. Erst jetzt erkannte ich, dass der Wagen inmitten von Schnee stand, es gab mehrere Schuheindrücke. Leider hatten meine Kollegen und ich bereits einen Großteil der Spuren selbstgesetzt, die Schuheindrücke des Täters waren kaum noch auszumachen. Ich rannte in Richtung der Mauer, fest entschlossen, den Täter zu verfolgen.

Meine Kollegen mahnten, ich solle ihn nicht alleine verfolgen, zu gefährlich sei die Situation. Ich war es aus Berlin gewohnt, einen flüchtenden Täter zu verfolgen, doch wollte ich meinen Kollegen keine Sorgen bereiten. Begleiten konnte mich auch niemand, da es der übrige Kollege sonst allein mit drei Personen im BMW zu tun gehabt hätte. Schweren Herzens blieben wir alle am Ort und ich funkte Unterstützung herbei. Leider blieb unsere Personenbeschreibung sehr vage, ein dicklicher Täter, ungepflegtes Äußeres und lange schwarze Haare. Während meine Kollegen die Insassen des BMW zu befragen versuchten, ging ich in die nahegelegene Metzgerei und fragte, ob jemand unseren Täter gesehen habe. Die Inhaberin der Fleischerei sagte, im Hof befände sich die große Kühlkammer, die zurzeit nicht verschlossen ist. Mir kamen Erinnerungen an einen alten Fall hoch. Auch damals hatte sich der „eiskalte Täter" in einer Kühlkammer versteckt. Die Metzgerin öffnete die Tür der Kammer und abgesehen von jeder Menge Fleisch- und Wurstwaren war sie leer.

Als Unterstützungskräfte den Ort erreichten, konnten wir endlich mit der Verfolgung des Täters anfangen. Wir folgten den wenigen Spuren im Schnee, die noch auszumachen waren und gelangten wieder an die Hauptstraße. Diese war vom Straßendienst geräumt worden, weitere Spuren waren nicht auszumachen. Mein Kollege erkannte ein baufälliges Haus, zu welchem der Zutritt ohne weiteres möglich war und wir gingen hinein. Wir zogen unsere Waffen und kündigten uns an: „Polizei!", doch unser Ruf blieb wie so oft unbeantwortet. Nachdem wir sämtliche Räume begangen hatten, stand fest, der Täter war nicht mehr am Ort.

Die Befragung der Zeugen erwies sich als schwierig. Sie gaben zu verstehen, dass sie aus Syrien kämen und dass der „Chauffeur" sie transportiert hätte. Es war auch zu verstehen, dass sie für diesen Service eine gute Summe gezahlt hatten. Mittlerweile waren mehrere Einheiten im Stadtgebiet unterwegs und fahndeten nach unserem flüchtigen Täter.

Plötzlich erreichte uns eine Meldung, dass eine unserer Streifen eine Person am Bahnhof aufgegriffen hatte, auf die die vage Beschreibung passte. Sofort wurde uns ein Bild des Verdächtigen zugeschickt und tatsächlich hätte er passen können. Mehmet war ca. 40 Jahre alt, hatte schwarze Haare und sah leicht ungepflegt aus. Ich bat um ein Foto des Schuhprofils, da wir noch immer ein paar Spuren im Schnee hatten und ich diese mit den Schuhen vergleichen wollte. Wir wurden enttäuscht, viel unterschiedlicher hätten die jeweiligen Profile nicht sein können und ich fürchtete, wir hätten den Falschen aufgehalten.

Dann kam mir eine Idee, die den Fall voranbringen sollte. Hektisch begab ich mich zum Fahrzeug und sah mich auf der Fahrerseite um. Meine Hoffnungen wurden bestätigt, der Fahrzeugschlüssel steckte nicht mehr in der Zündung. Der Täter musste ihn bei seiner Flucht mitgenommen haben. Wenn er clever war, hatte er ihn unterwegs entsorgt oder deponiert. Psychologisch gesehen gehört schon eine Menge dazu, einen Fahrzeugschlüssel eines BMW einfach von sich zu werfen.

Ich war also guter Dinge, dass unser Täter ihn noch mit sich führen könnte. Über das Telefon bat ich die Kollegen, den Tatverdächtigen zu durchsuchen und besonderes Augenmerk auf einen etwaigen Fahrzeugschlüssel zu werfen. Tatsächlich hatte Mehmet einen Autoschlüssel dabei und es war der eines BMW. Von diesem Moment an war ich sicher, die Streife hatte den Täter gestellt und es war nur noch eine Frage von Minuten, bis wir es überprüfen könnten. Selbst wenn die Zeugen Mehmet nicht als den „Chauffeur" wieder erkennen (wollen) würden,

sollte der Schlüssel passen, war er unser Mann.
Der Schlüssel wurde zum Auto gebracht – andersherum wäre es komplizierter gewesen – und ich drückte auf die Entriegelungstaste. Mit Erleichterung und Freude vernahm ich ein Klicken, die Türen ließen sich öffnen und schließen. Wir hatten unseren Täter und wir fuhren zum Bahnhof, wo wir seine mitgeführten Sachen in Augenschein nehmen konnten. Die Streife hatte zwischenzeitlich bei der Durchsuchung in Mehmets Hosentasche ein Zugticket auffinden können, Route: Simbach am Inn – München Hbf.

Dieses war am heutigen Tag und ca. zehn Minuten vor seiner Feststellung durch die Streife durch ihn gekauft worden. Seine planmäßige Abfahrt wäre rund 30 Minuten nach der Feststellung seiner Person erfolgt. Es freute mich schon, dass er die 38 Euro für das Ticket der Deutschen Bahn überlassen hatte, obwohl er an diesem Tag nur noch durch uns befördert wurde. Aus den Tankbelegen in seinem Portemonnaie konnten wir erkennen, dass er erst am Tag zuvor von Düsseldorf kommend, in Richtung Österreich fuhr und von dort wieder nach Deutschland. Zu seinem Pech nutzte er die Brücke nach Deutschland, an der meine wachsamen Kollegen und ich nur auf Straftäter wie ihn gewartet hatten.

Letzter Aufruf

Nachdem der Flugbetrieb wieder Fahrt aufgenommen hatte, herrschte wieder reges Treiben an unserem Flughafen. Eines Nachmittags klingelte eine Taiwanerin an der Wache und bat um Hilfe. Sie hatte die ihr zustehenden 90 Tage im Schengen-Raum mit Ablauf des laufenden Tages verbraucht. Somit würde sie sich am nächsten Morgen des unerlaubten Aufenthalts in der Bundesrepublik Deutschland strafbar machen. Die Airline, bei der sie ursprünglich ihren Flug gebucht hatte, wollte sie nicht einchecken lassen.

Die Begründung war, dass sie über Dubai reisen würde, dort einen Aufenthalt am Flughafen hätte und im Anschluss nach Taiwan weiterreisen würde. Die Airline wollte nun wissen, in welchem Hotel in Taiwan sie ihre Quarantäne verbringen werde, da die Reisebestimmungen eine solche Information verlangten. Als die Reisende angab, in Taiwan zu wohnen und sich an ihre Wohnanschrift begeben zu wollen, wurde ihr das Einchecken untersagt, sie hatte ja kein Hotel angegeben. Ich schüttelte mit dem Kopf, aber

das war nicht unser Problem. Was hingegen
problematisch werden würde, wäre ihr unerlaub-
ter Aufenthalt. Wir rieten ihr, sich ein anderes
Ticket zu organisieren, um wenigstens aus der
EU auszureisen. Sie stimmte zu, verließ die Wache und kümmerte sich selbstständig um ein
neues Ticket.

Ich dachte, hiermit hätte sich die Angelegenheit
erledigt, doch einige Stunden später stand die
Taiwanerin, die Lii hieß, erneut vor unserer Wache. Sie sah verstört aus und ich fragte sie, was
ihr fehle. Sie hatte in der Zwischenzeit ein Ticket in die Türkei gebucht und war im Begriff
einzuchecken. Beim Check-In wurde ihr mitgeteilt, dass sie für den Flughafenaufenthalt ein Visum bräuchte. Ohne sie einchecken zu lassen,
wurde sie abgewiesen. Sie setzte sich auf eine
Bank und organisierte sich binnen weniger Minuten ein Flughafenvisum für die Türkei. Als sie
es endlich bestätigt bekam, ging sie umgehend
zum Check-In-Schalter zurück.

Die Nachricht, die der Mitarbeiter für sie hatte,
erschütterte sie. Der Check-In habe vor rund
zehn Minuten geschlossen und es wäre nicht

mehr möglich, sie für den Flug zuzulassen. Wegen zehn Minuten…

Ich verstehe, dass Airlines enge Zeitpläne haben und ein nicht Einhalten dieser zu hohen Kosten führen kann. Nun stand die arme Frau bei uns auf der Wache, ihr gesamtes Gepäck dabei und es waren nur noch wenige Stunden, bis sie sich strafbar machen würde. Ich überlegte kurz und da ich noch nicht lang am Flughafen war, stellte ich eine Frage in den Raum:
„Können wir nicht bei der Airline anrufen und sagen, sie muss fliegen. Wenn nötig begleiten wir sie bis zum Flieger und dann müsste das funktionieren, oder?"

Meine Kollegen sahen mich an, als hätte ich vorgeschlagen, mit einem Heißluftballon zum Mond zu fliegen, aber da es keinen offenkundigen Widerspruch gab, nahm ich den Hörer in die Hand und rief bei der Airline an. Man teilte mir mit, dass mein Vorhaben schon gelingen sollte, wenn es denn jetzt zügig ginge, schließlich war es schon 21:45 Uhr. Mein Kollege und ich schnappten uns die Reisende und ihr gesamtes Gepäck. Sie musste eingecheckt werden, die Si-

71

cherheitskontrolle passieren, in der Ausreisekon-
trolle ihren Pass vorzeigen und einsteigen. All
das musste binnen ca. 25 Minuten passieren.
Wir liefen mit ihr zur Sicherheitskontrolle, da
der Check-In nicht mehr besetzt war. Dort stellte
sie ihr Gepäck auf das Band und sofort war er-
sichtlich, dass ihr riesiger Koffer zu groß war.
Die Sicherheitsmitarbeiter meckerten die Reisende an, sie solle ihr Gepäckstück vom Band
nehmen.

Während mein Kollege mit ihr und einer Kollegin der Sicherheitskontrolle zum Sperrgepäck
eilte, um ihren Koffer durchleuchten zu lassen,
begab ich mich zum Boarding-Gate und zeigte
ihren Pass vor, um sie einzuchecken. Der Mitarbeiter dort, Yussuf, gab an, es müsse nun schnell
gehen, das Boarding habe bereits begonnen.
Mein Kollege, Lii und ich trafen uns erneut an
der Sicherheitskontrolle. Dort wurde sie nun
überprüft, in ihrem Gepäck war noch eine Flasche Wasser, die zu entsorgen war. In aller Seelenruhe packte die Frau nun ihre Sachen zusammen, vermutlich hatte sie noch nicht realisiert,
dass sie im Begriff war, ihren Flug zu verpassen.
Ich mahnte sie an, sie solle sich beeilen. Nach
dem Passieren der Kontrolle rannten wir über

die Flure des Flughafens und erreichten schließlich die Passkontrolle. Ich begann zu schwitzen. Sollten wir es nicht schaffen, sie einsteigen zu lassen, wären alle Bemühungen umsonst gewesen. Der Kollege in der Ausreisebox legte schnell ihren Pass auf und glücklicherweise verlief ihre Kontrolle problemfrei. Wir liefen zügig zum Gate und sämtliche Passagiere waren bereits an Bord. Yussuf, der Mitarbeiter der Airline, scannte ihre Bordkarte und wollte die übrigen Dokumente sehen. Währenddessen telefonierte seine Kollegin Sandra mit ihrem Vorgesetzten und sie wurde zusehends hektischer.

„Fliegt die Dame noch mit?", sie schaute mich fragend an.

„Wenn es nach mir geht schon, sonst wird sie sich ab morgen illegal in Deutschland aufhalten.", doch es war nicht meine Entscheidung. Yussuf prüfte sämtliche Dokumente. Sandra telefonierte noch immer und schaute zu ihrem Kollegen.

„Wird die Dame mitfliegen? Ich brauche jetzt ganz schnell eine Entscheidung, das Boarding ist beendet. Ja, warte, ich gebe ihn dir.", jetzt machte sie sogar mich hektisch mit ihrer Art.

In aller Seelenruhe sagte Yussuf: „Schnell schon mal gleich gar nicht. Du übergibst mir das Telefon nicht. Ich schaue mir alles an. Es gibt gleich eine Entscheidung.“, ich war beeindruckt, wie ruhig er war.

Er sah Lii an und sagte, sie brauche ein Visum für die Türkei. Sie war den Tränen nah, als sie sagte: „Es ist alles da, schauen Sie bitte.“

Tatsächlich fand er das Visum, den Coronatest und eine Einreiseanmeldung, die ebenfalls nötig war.
„Das Visum ist aber erst ab dem morgigen Tag gültig.“, sagte er.

Ich sah auf die Uhr, es war mittlerweile 22:15 Uhr und ich sagte in den Raum: „Bis sie in der Türkei ankommt, ist es bereits der morgige Tag.“

„Jetzt ist der Captain am Telefon, ich brauche sofort die Entscheidung!“, schrie Sandra.

„Gleich.“, langsam verlor auch Yussuf die Geduld. Er schaute Lii erneut an und in sehr höflichen Ton sagte er zu ihr:

„Es tut mir so leid, junge Frau. Sie haben alles, was Sie benötigen, Sie können mitfliegen. Ich weiß nicht, warum meine Kollegen das nicht vorhin schon so entschieden haben.“.

Ich schwöre Ihnen, als er sagte, es tue ihm so leid, war ich sicher, sie könne nicht reisen. Entsprechend erleichtert war ich, dass es doch anders kam.

Mit Freudentränen in den Augen dankte Lii meinem Kollegen und mir und wurde noch an Bord der Maschine gelassen. Mein Kollege und ich liefen zurück zur Wache. Schweißgebadet und doch voller Stolz waren wir uns einig, das Richtige getan und der Taiwanerin geholfen zu haben.

Es ist dieses Gefühl, Menschen helfen zu können, welches mich immer wieder in meiner Berufswahl bestätigt hat. „Freund und Helfer“ sein zu können, auch oder gerade, wenn Vieles auf dem Spiel steht, ist für mich einer der wichtigsten Aspekte eines guten Polizisten. Es ist immer mehr als nur ein Job.

Ich kam noch mehrere Male in den Genuss, Menschen helfen zu können. Eines Tages sprach mich ein Reisender an, er habe eine „sehr teure" Flasche Whiskey im Flieger vergessen. Er gab an, mit welcher Maschine er gereist sei und sagte ferner, er habe in Reihe 1 gesessen. Ich war mir sicher, er flog wenigstens Business-Class. Ich versicherte ihm, ich würde mein Möglichstes tun, um die Flasche zu bekommen, bevor die Maschine den Rückflug antreten würde.

Ich eilte zum Flieger und erkannte, dass das Boarding für den nächsten Flug unmittelbar bevorstand. Ich bahnte mir den Weg über die Gangway und erreichte die Maschine. Ich bat den überraschten Steward, in Reihe 1 nach einer Flasche zu schauen. In der Tat holte er einen Duty-Free-Beutel hervor, in dem augenscheinlich ein Karton mit einer Glasflasche enthalten war. Mit dem edlen Tropfen in der Hand begab ich mich zurück zum Gepäckband, wo der Reisende sehnsüchtig auf mich wartete. Ich übergab ihm die Tüte und er dankte mir. Aus reiner Neugier fragte ich ihn, wie teuer eine „teure Flasche" Whiskey wäre. Er gab an, sie für rund 400 Euro erstanden zu haben. Es handele sich um ein Geschenk für seinen neuen Boss, den er heute zum ersten Mal sehen werde. Mein Angebot, dass ich ihn bei solchen Geschenken gern einstellen würde, lehnte er lachend ab.

Einsatzanlass: „Kind atmet nicht"

Eines Tages, ich lief gerade eine Streife im Flughafen, hörte ich über Funk, dass ein kleines Kind Probleme beim Atmen hätte. Sofort dachte ich an den Einsatz in der Berliner Markthalle mit der kleinen Leonie und wollte meinen Kollegen vor Ort behilflich sein. Als meine Streifenpartnerin und ich am Einsatzort ankamen, bot sich mir ein leider zu bekanntes Bild.

Ein kleines Mädchen hatte Schwierigkeiten, vernünftig zu atmen und lechzte nach Luft. Da der Einsatz bereits einige Minuten angedauert hatte, waren bereits Rettungskräfte am Ort und betreuten die kleine Liz. Ihre Mutter saß etwas abseits und sah deutlich mitgenommen aus. Mich wunderte dennoch, wie ruhig sie blieb, als ziehe alles an ihr vorbei oder als bekäme sie nicht alles mit, was gerade um sie passierte. Wir reihten uns in die bestehende Absperrung ein, da wir nicht für eine bessere Erste-Hilfe hätten sorgen können. Dort stehend, mit dem Rücken zu der ca. 3-jährigen Liz, kamen mir die Erinnerungen an Leonie hoch.

Ich blieb professionell, aber innerlich fühlte ich
jedes Husten, jeden Moment, in dem das Überle-
ben des kleinen Menschen noch nicht sicher
war. Obwohl ich es besser hätte wissen müssen,
drehte ich mich wieder vermehrt um, nur um es
direkt zu bereuen.

Die Mutter saß weiter regungslos da und ich erkannte plötzlich einen Blindenstock in ihrer
Hand, womöglich wirkte sie deshalb abwesend.
Sie tat mir plötzlich noch mehr leid, ihr Kind
war dabei zu ersticken und sie selbst war eingeschränkt und konnte nicht wirklich nachvollzie-
hen, was passierte. Ich gaukelte mir vor, dass es
ja auch etwas Positives hätte, wenn sie nicht alles mitbekam, doch das glaubte ich selbst nicht
wirklich. Die Sanitäter und der Notarzt konnten
das Kind stabilisieren und in den Rettungswagen
verbringen. Ich stützte die Mutter und erklärte
ihr, was passierte. Zusammen gingen wir zum
Rettungswagen und auf dem Weg sollte ich
noch eben mit dem Vater am Telefon sprechen,
da dieser nicht vor Ort war und seine Frau ihn
nicht ausreichend informieren konnte. Er hatte
bereits mitbekommen, dass etwas Schlimmes
passiert war.

Aufgeregt fragte er mich: „Ist mein Kind tot?“, eine Frage, auf die ich nicht einmal mit „Ja“ hätte antworten können, wenn es so gewesen wäre. Zum Glück konnte ich ihn beruhigen, seine Tochter atmete wieder und wurde schnellstmöglich ins Krankenhaus verbracht. Die blinde Mutter wurde durch uns in den Rettungswagen geleitet und konnte so ebenfalls mitfahren.

Nur wenige Tage nach diesem Vorfall sollte ich erneut Zeuge von Atemschwierigkeiten eines Säuglings werden. Mein Kollege und ich waren auf dem Weg, einen uneinsichtigen Fluggast an die Maskentragepflicht zu erinnern, als ich im Bereich zwischen Gepäckbändern und dem öffentlich zugänglichen Bereich auf einen Tumult aufmerksam wurde. Ein Abholer versuchte, in den Ankunftsbereich einzudringen, was per se ausgeschlossen war. Auf der Ankunftsseite war seine Frau mit dem gemeinsamen Kind Hülia. Hülia litt an einer seltenen Erkrankung, die mit schwerwiegendem Muskelschwund einherging, welcher nicht selten auch tödlich enden konnte.

Hülia war im Begriff, blau anzulaufen, da sie kaum vernünftig atmen konnte. Die Mutter war bereits dabei, Beatmungsgeräte vorzubereiten und der Abholer und Vater von Hülia schrie, er wolle helfen. Wir eilten zum Eingang und ließen den Mann passieren. Erstens war er eh in unserem Blick und zweitens war ein Kind in Not und wenn dieser Mann auch nur ein wenig helfen könnte, musste ihm das auch ermöglicht werden.

Wir verlagerten den Sachverhalt in den öffentlich zugänglichen Bereich, dort waren Tische und Bänke, auf denen das Kind abgelegt werden konnte. Mein Kollege rief umgehend den Notarzt und ich fürchtete, bis dieser eintreffe, bliebe uns kaum etwas Anderes übrig, als zu hoffen und zu bangen. Doch Hülias Eltern waren hervorragend vorbereitet. Sie hatten allerlei medizinisches Equipment dabei und wie selbstverständlich schlossen sie die Gerätschaften an. Hülia wurde beatmet, die Mutter klopfte ihr immer wieder sachte auf den Rücken und der Vater spielte irgendwelche Kindervideos auf YouTube ab, deren nervige Musik alle am Einsatz Beteiligten störte. Ich hatte auch nicht das Gefühl, dass das Kind irgendeine Beruhigung dieser Art gebraucht hätte, da wäre Ruhe vermutlich besser gewesen. Hülias Zustand besserte sich zwar, doch immer wieder gab es kleine Atemaussetzer und ich fürchtete immer wieder um das Leben dieses kleinen Menschen. Als der Notarzt eintraf, schaute dieser nicht schlecht. Sämtliche Maßnahmen waren durch die Mutter eingeleitet, weitere Hilfe konnte auch er nicht leisten. Wir besprachen das weitere Vorgehen und es war klar, dass das Kind in das nächstgelegene Krankenhaus zu verbringen war. Den Eltern wurde dieses mittels eines Sprachmittlers mitgeteilt und ihre Antwort schockierte mich.

Sie wollten nicht, dass die kleine Hülia durch den Notarzt in ein Krankenhaus gebracht wird. Der Vater gab an, seine Tochter seit rund 1,5 Jahren nicht gesehen zu haben und sie sei die vergangenen sechs Monate in der Türkei auf der Intensivstation gewesen. Als ihr Zustand gerade so stabil genug war, setzte sich die Mutter mit ihr ins Flugzeug und den Rest der Geschichte hatten wir ja miterlebt. Wenn überhaupt, so war

es der Wunsch der Eltern, könne der Rettungswagen neben ihrem PKW herfahren, damit, im
Falle einer Verschlechterung von Hülias Zustand Hilfe geleistet werden könne. Ich verstand
diese Dreistigkeit einfach nicht. Natürlich ist es
schwierig, sein Kind nur im Krankenhaus sehen
zu können, doch mir schien dies immer noch
besser, als das Kind begraben zu müssen. Ich
nahm meine Dienstmütze ab, stellte mich direkt
vor den Vater und sah ihn mit ernstem Blick an.
Anstatt ihn für seine Einstellung zu rügen, ließ
ich über den Sprachmittler mitteilen, wie sehr
mir das Leben seiner Tochter am Herzen lag.
Wie wichtig es mir war, dass sie medizinisch
versorgt werden würde. All die Geräte, die Hülia
im Moment am Leben hielten, sie funktionierten
mit Stromzufuhr. Im Auto habe er keinen Strom,
auch darauf machte ich ihn aufmerksam. Mit
Trauer in den Augen bat ich ihn, seine Entscheidung zu überdenken.

Er dankte mir von Herzen, dass ich mich so
kümmerte, aber sein Entschluss stand fest. Er
würde sein Kind selbst transportieren, auch auf
die Gefahr, dass es sterbe. Der Notarzt ließ den

Mann unterschreiben, dass er auf eigene Gefahr
und entgegen des medizinischen Rats handele
und sein Kind sterben könnte. Ohne mit der
Wimper zu zucken, unterschrieb der Vater und
ich tat es im Anschluss, um diesen Vorgang zu
bezeugen.

Ich weiß nicht, ob und wie lange Hülia überlebt
hat. Das Ziel der Familie war Augsburg und
sollte auf dem Weg dorthin irgendetwas passieren, würde ich nie davon erfahren. Mich machte
der Fall betroffen, zudem war ich wütend. Hier
entschied jemand über das Leben eines Klein-
kinds und schien sich der Konsequenzen nicht
bewusst. Die arme Hülia konnte nichts dafür.

First time in Germany

Es sollte ein spannender Tag am Flughafen werden, denn durch die Passagiervorankündigung wurde ich auf Mirko hingewiesen. Mirko, seines Zeichens bulgarischer Staatsangehöriger, war international zur Fahndung ausgeschrieben. Er hatte eine lange Liste an Vorstrafen und ich hatte noch ein wenig Zeit, bevor sein Flieger aus Istanbul landen sollte, also beschloss ich, seine Historie etwas genauer zu recherchieren.

Unter den von ihm begangenen Taten waren Raubdelikte, Körperverletzungen, Betrugsstraftaten und Einbrüche und Diebstähle. Es gab noch ein weiteres Feld, in welchem Mirko sich bestens auszukennen schien: Betäubungsmittel. Über einen Zeitraum von mehreren Jahren hatte er dutzende Male Drogen mitgeführt und konsumiert, was sich auch an seinem Äußeren zeigte. Auf Fahndungsbildern, die im Jahr 2017 aufgenommen wurden, sah Mirko furchtbar aus, wie ein typischer Junkie. Sein Blick war schief, die Zähne ungepflegt und seine Haare komplett verlaust.

Was ich an seiner Vita besonders spannend fand, war die Tatsache, dass er ein Einreise- und Aufenthaltsverbot für die Bundesrepublik Deutschland auferlegt bekommen hatte, ihm war das europäische Recht auf Freizügigkeit entzogen worden.

Ein solcher Verwaltungsakt passiert nicht oft, man muss schon wirklich viele hochwertige Taten begehen, damit einem dieses Recht genommen wird. Die Urteilsbegründung hierzu fand ich auch in seinen Akten. Sinngemäß argumentierte das Gericht, Mirko sorge mit seinem Handeln dafür, dass Menschen in Angst lebten, er könne ihr Hab und Gut stehlen. Ferner sei er durch seinen Drogenkonsum nicht berechenbar und man wisse nie, wie er reagiere. Deshalb war es richtig, ja nötig, ihm das Verbot aufzuerlegen. Dieses war zunächst auf fünf Jahre befristet, und drei waren seit Ergehen des Beschlusses vergangen. Mich wunderte, dass er die Reise dennoch antrat, er hätte wissen müssen, dass wir in am Flughafen festnehmen und zurückschicken würden.

Bevor die Maschine landete, informierte ich eine
unserer Streifen, mich zum Flieger zu begleiten.
Ich erklärte ihnen, mit wem wir es zu tun bekommen würden und zeigte ihnen ein Fahn-
dungsbild aus 2017. Ein aktuelleres gab es nicht,
Mirko hatte im selben Jahr Deutschland verlassen und seither nicht zurückgekommen.

Leider landete die Maschine auf einer Außenpo-
sition, das bedeutet, dass die Passagiere in Bus-
sen angeliefert wurden. Die Streife und ich teil-
ten uns auf, denn es gab zwei Busankünfte und
wir wollten Mirko nicht verpassen. Nach einiger
Wartezeit kam der erste Bus bei mir an. Ich
stellte mich rund 100 Passagieren in den Weg,
erhob meine Stimme und forderte jeden auf,
seine Ausweisdokumente vorzuzeigen. Mirko
war Nummer 85 von 100. Er drückte mir seinen
bulgarischen Reisepass in die Hand und ich
überprüfte zuerst den Namen. Mirko Vaselko,
geboren am 11.02.1985 in Sofia – ich glich diese
Daten mit der Fahndung ab – Mirko Vaselko,
geboren am 11.02.1985 in Sofia.

Das Passbild war identisch mit der Person, die
vor mir stand und der Reisepass war echt. Nur
eine Sache war komisch. Mirko, der vor mir

stand, sah viel gesünder aus als das Fahndungs-
foto. Saubere Zähne, gerader Blick, lange, leicht
ungewaschene Haare, aber kein Vergleich zu
dem drogenkonsumierenden Häufchen Elend
von damals. Ich tat mein Bauchgefühl beiseite,
alles war identisch, sogar der Geburtsort. Ich
dachte bei mir: „Guck einer an, wenn du mal ein
paar Jahre keine Drogen nimmst und vielleicht
nicht auf der Straße lebst, kannst du dich von
fast Allem erholen.“

Ich war sicher, ich hatte unseren Straftäter und
so holte ich die Streife per Funk zu mir. Mirko
gab an, kein deutsch und kaum englisch zu sprechen. Ich versuchte dennoch, ihm den Haftbefehl zu eröffnen, er hatte noch 45 Tage Haft ab-
zusitzen und im Anschluss würde er direkt zurück in die Türkei geschickt, da er von dort einzureisen versuchte.

Er wirkte verdutzt, es war, als wisse er nichts
von einem Haftbefehl. Er sah mich an und sagte:
„It's my first time in Germany.“, woraufhin ich
ihn ernst ansah und ihm zu verstehen gab, dass
er eine Vergangenheit in Deutschland hatte. Ich
blätterte durch den Haftbefehl. Er war von der

Staatsanwaltschaft Frankfurt und das Dienstsiegel war gut sichtbar. Mirko sah mich an: „Frankfurt?" fragte er. Ich erkannte, er erinnerte sich. Nickend sah ich ihn an, ja, genau, du hast in Frankfurt früher viel Mist gebaut, dachte ich mir. Jetzt schaute er ganz traurig und sagte wörtlich: „It's my first time in Munich.", und das ergab für mich viel mehr Sinn. Wir warteten auf sein Gepäck und aufgrund der Sprachbarrieren konnten wir uns nicht großartig unterhalten.

In Ankunftsbereich angekommen, kam eine Frau Mitte 50 auf mich zu. Sie gab an, die Tante von Mirko zu sein und wollte natürlich wissen, warum die Polizei ihn begleitete. Ich erklärte ihr, dass ein Haftbefehl aus Frankfurt vorlag und sie erwiderte, es müsse sich um ein Missverständnis handeln. Mirko sei nach ihrem Wissen das erste Mal in Deutschland und könne somit nicht gesucht werden. Ich versuchte ihr zu erklären, dass seine Taten schon Jahre zurücklagen und er vermutlich nicht jedem Verwandten davon erzählt hatte. Ferner hatte er damals so viele Drogen konsumiert, da wunderte es mich nicht einmal, dass er selbst sich kaum erinnerte. Mirko selbst ergriff das Wort und sagte seiner Tante etwas auf türkisch. Bulgaren sind oft der türkischen

Sprache mächtig und umgekehrt. Nachdem er ihr den Sachverhalt erklärt hatte, verstand sie und wollte uns zur Polizeiwache begleiten. Ich erlaubte ihr das, doch vor der Wache müsse sie warten, die weitere Sachbearbeitung würde ohne sie ablaufen. Auf dem Weg erzählte die Dame mir, dass ihr Mann beim bayrischen Landeskriminalamt gearbeitet hatte, mittlerweile sei er aber pensioniert. Ich hatte nie etwas gegen ein wenig Smalltalk, solange ich das polizeiliche Ziel nicht aus den Augen verlor. Auf der Wache angekommen, lief die weitere Bearbeitung an. Mirko wurde durchsucht, der Sachverhalt wurde an die Spätschicht übergeben und ich schrieb noch schnell die Eckdaten an unser Whiteboard:

-1 Bulgare, männlich, 36

-gesucht mit internationalem Haftbefehl

-Haft von 45 Tagen, anschließend zurück nach Istanbul

Ich begab mich in den Feierabend, fuhr nach Hause und schlief selig in meinem Bett. Als ich am selben Abend zur Nachtschicht auf die Wache kam, sah das Whiteboard anders aus. Meine Eintragungen waren alle mit rotem Marker durchgestrichen und es stand da:

-1 Türke, männlich, 35

-Urkundenfälschung

-Asylgesuch geäußert

-Verbringung Asylunterkunft

Ich dachte, ich lese nicht recht. Als ich auf die Wache kam, grüßte mich die Spätschicht: „Da habt ihr uns ja was Feines übergeben. Euer Bulgare ist Türke und es ist nicht die gesuchte Person."

Ich erfuhr, was geschehen war. Bei der Durchsuchung waren bei Mirko, der eigentlich Özgür hieß, eine bulgarische ID-Karte und ein türkischer Personalausweis gefunden worden. Die bulgarische Karte hatte die Personalien von Mirko, die türkische die von Özgür. Alle Dokumente, also auch sein bulgarischer Reisepass, hatten dasselbe Lichtbild, welches zweifelsfrei die Person abbildete, die vor uns stand. Bei genauem Hinsehen fiel auf, die bulgarische Karte war gefälscht. Gut gefälscht, aber erkennbar unecht. Sofort kam mir der Verdacht, sein Reisepass sei auch gefälscht und ich zweifelte an mir, dass es mir nicht aufgefallen war. Die Spätschicht konnte mir meine Zweifel aber schnell nehmen. Es war ein echtes Dokument, doch wie war Özgür in den Besitz dieses Dokuments gekommen? Wieso war sein Bild aufgedruckt?

Die Lösung war so einfach, wie ungeheuerlich. Özgür hatte einen Fälscher beauftragt, ihm eine bulgarische ID-Karte zu fälschen. So gut der Fälscher sein Handwerk auch verstanden haben musste, beim Auswählen der Daten war er selten dämlich. Er nahm Özgürs Passfoto und bedruckte die Karte dann mit Daten eines international gesuchten Straftäters, mit den Daten von Mirko Vaselko.

Mit dieser Fälschung ging Özgür nun in die bulgarische Botschaft und beantragte einen neuen bulgarischen Reisepass. Da die Fahndung in Bulgarien nicht angezeigt wurde und die Fälschung nicht auffiel, wurde ihm ein Echtdokument ausgestellt. Jenes, welches er mir vorgelegt hatte. Dort war sein Bild enthalten, aber nicht seine Daten. Mit diesem Reisepass machte er sich auf den Weg nach Deutschland, weil er wusste, mit einem bulgarischen Pass bräuchte er kein Visum für Deutschland. Umso überraschter musste er gewesen sein, als ich ihm sagte, er werde gesucht und müsse in Haft. Nun erklärte sich auch, warum er sagte, er sei das erste Mal in Deutschland, es war die Wahrheit.

Özgür gab im Rahmen seiner Vernehmung gegenüber einem Dolmetscher an, er werde in der Türkei aufgrund seines Glaubens verfolgt und daher suche er in Deutschland Asyl. Er gab zu, die Fälschung beauftragt zu haben, da er keine andere Möglichkeit hatte. Er hätte ohne Visum nie mit seinem türkischen Pass in Deutschland einreisen können und hätte nie ein Asylgesuch stellen können.

Die vermeintliche Tante wurde dann auch noch befragt. Sie gab zu, nicht mit Özgür verwandt zu sein – und natürlich erst recht nicht mit Mirko – sondern ihm habe helfen wollen. Als Bestandteil der türkischen Community wollte sie ihm helfen, in Deutschland Fuß zu fassen. Ich habe nie erfahren, ob ihr Mann wirklich beim bayrischen Landeskriminalamt gearbeitet hatte, doch es interessierte mich auch nicht. Die Frau hatte mich eiskalt angelogen, als sie angab, die Tante des Gesuchten zu sein und das nahm ich ihr übel. Ich weiß auch nicht, ob Özgürs Asylantrag genehmigt wurde oder ob er schließlich doch in die Türkei zurückkehren musste. Mirkos 45 Tage Haft blieben ihm aber definitiv erspart.

Und Mirko? Falls sein Betäubungsmittelkonsum ihn nicht hingerafft hat, wartet er womöglich irgendwo im Ausland auf den Tag, an dem sein Einreise- und Aufenthaltsverbot endet und er einen Flieger Richtung Deutschland besteigen kann. Wer weiß, vielleicht reist er ja bei mir in München ein und ich werde doch noch den echten Mirko Vaselko kontrollieren.

Polizeiarbeit ist immer mehr als nur ein Job, es ist immer extremer, immer direkter und immer unvorhersehbar. Ich habe mich nie daran gestört, war dies doch ein Grund für meine Entscheidung, Polizeibeamter zu werden. Ich weiß, dass ich den Beruf romantisiere, indem ich ihn vor anderen verteidige. Es ist kein Job für jeden, man muss ein ganz eigenes Skillset haben, um Polizist zu werden. Nicht alle sind befähigt, nicht alle bestehen das Auswahlverfahren und nicht alle bleiben auf dem richtigen Pfad.

Mir ist bewusst, dass es schwarze Schafe in den Behörden gibt, die ihre Macht ausnutzen, um selbst Straftaten zu begehen. Ich bin der festen Überzeugung, dass es rechtes Gedankengut oder Sympathisanten innerhalb mancher Polizeieinheit gibt. Trotz allem werde ich nicht nachlassen, diese Tätigkeit zu lieben, sie zu leben und sie in Ehren zu halten.

Die Kollegen, die mir die Ehre erwiesen haben, mit mir Dienst zu versehen, begeben sich in diese Welt, um sie besser zu machen. Wir alle stellen uns in den Dienst der Menschen, teilweise auch gegen ihren Willen. Ich glaube, ich

spreche für uns alle, wenn ich sage, wir werden
nicht müde, für Recht und Ordnung einzustehen.